撰稿人（按姓氏笔画排列）

于振芳　马益敏　白　龙　沈松土　陈宇峰

周　弘　唐军麟　谢　冰　裘剑锋

企业法律
风险防控
系列丛书

企业进出口贸易的
法律风险
与防控

◎主　编　沈晓鸣
◎副主编　崔海燕　裘剑锋

ZHEJIANG UNIVERSITY PRESS
浙江大学出版社
·杭州·

图书在版编目(CIP)数据

企业进出口贸易的法律风险与防控 / 沈晓鸣主编
. —杭州 : 浙江大学出版社，2022.10(2023.5 重印)
ISBN 978-7-308-23014-8

Ⅰ. ①企… Ⅱ. ①沈… Ⅲ. ①企业－进出口贸易－贸
易法－研究－中国 Ⅳ. ①D996.1

中国版本图书馆 CIP 数据核字(2012)第 164588 号

企业进出口贸易的法律风险与防控

沈晓鸣　主编

崔海燕　裘剑锋　副主编

策划编辑	吴伟伟
责任编辑	宁　檬
责任校对	陈逸行
封面设计	林智广告
出版发行	浙江大学出版社
	(杭州市天目山路 148 号　邮政编码 310007)
	(网址:http://www.zjupress.com)
排　　版	浙江时代出版服务有限公司
印　　刷	广东虎彩云印刷有限公司绍兴分公司
开　　本	710mm×1000mm　1/16
印　　张	7.75
字　　数	144 千
版 印 次	2022 年 10 月第 1 版　2023 年 5 月第 2 次印刷
书　　号	ISBN 978-7-308-23014-8
定　　价	68.00 元

编写说明

　　本书由浙江省企业法律顾问协会邀请浙江省高级人民法院、宁波海事法院、中石化宁波工程有限公司、浙江金道律师事务所等单位的专家共同编写。主编为沈晓鸣，副主编为崔海燕、裘剑锋。编写分工如下：第一章，于振芳、周弘；第二章，唐军麟、沈松土、马益敏；第三章，于振芳、周弘、唐军麟；第四章，裘剑锋、唐军麟；第五章，裘剑锋；第六章，于振芳、周弘、唐军麟；第七章，于振芳、周弘；第八章，于振芳、白龙、唐军麟。张谷教授为本书作序。本书编写过程中还得到了宁波太安律师事务所的支持和帮助，在此表示衷心感谢。

序

中国加入世界贸易组织已 21 年。入世初期,中国进出口企业为了适应多边国际贸易规则在艰难的摸索中前行。随着国民经济的迅猛发展、综合国力的持续提升,在对外贸易总量和贸易顺差方面,中国已然位于世界前列。进出口企业惊人的成长规模,为激荡的中国改革开放历史,写下了浓墨重彩的一笔。

当前,中国进出口企业"危""机"并存。首先,中国对国际多边贸易体系的参与度日益加深,影响力持续增强,进出口企业的运作与国际贸易的规范和惯例逐渐接轨,其必然会受到越来越多的关注。其次,世界经济秩序受到强烈冲击,中美、中欧贸易前景仍不明朗,笼罩在进出口企业头上的贸易战阴霾愈益浓重。进出口企业唯有在宏观布局上沉着擘画,在微观操作方面苦练内功,向着更高、更精、更准的目标迈进,才能把握住"危"中之"机"。

谈到进出口企业的微观操作,我们一定要清醒冷静。改革开放以来,中国的对外贸易已取得长足进步,成绩斐然。但相比于那些历史悠久的传统国际贸易大国和快速发展的新兴经济体,中国的对外贸易仍处在成长阶段,进出口企业还需要不断学习,继续探索。总的来说,中国进出口企业对以英美法系国家为主导的国际贸易规则还很生疏,缺乏对目的地国家和地区法律制度的了解,对进出口贸易流程操作细节不够重视。因此,中国进出口企业在国际贸易实践中对遭遇的众多法律问题往往无所适从,不明不白遭受损失,或者缺乏维权的路径和方法。这种状况亟待改变,本书的出版或可有所裨益。

在我看来,本书有三个显著的特点:一是集体智慧的结晶。参加本书编写的同志,既有司法审判人员、涉外律师,又有进出口企业等外贸一线的参与者。他们都是外贸、商业或涉外法律方面的实践者、有心人,在外贸和商业实践或法律实施方面颇有心得,且积之有年。将这些经验结集成册,犹如珠玉成串,既化解了个体探索经验的分散性和风险防控的体系化之间的紧张关系,又为中国外贸行业的工作者提供了一份操作性强、有借鉴意义的法律风险指南。

这不但是推动中国进出口贸易走向规范化的必要步骤,也是更好地维护中国在国际贸易中的利益和形象的有意探索。

二是注重风险防控的体系化和针对性。所谓体系化,是指本书以进出口企业的实践需要为导向,对于其在各个进出口环节中可能遇到的法律风险,从签订合同开始,到外贸代理、货物质量检验、运输、结算等每个贸易环节,依类型、性质和成因,逐一分析,可谓细大不捐,靡不毕载。所谓针对性,则是指历数风险之后,对症下药,并结合多年司法实践经验和相关知识,给出有效的防范措施。此外,辅以对应的司法裁判案例,以便企业理解过往案件处理中法院的裁判思路和倾向,今后能有所预判,少走弯路。

三是注重进出口贸易纠纷的解决之道。进出口贸易纠纷的发生和解决,乃是国际贸易中的重要环节,也是进出口企业重点关注的问题,因此书中以相当大的篇幅来拆解贸易纠纷的解决方式、诉讼要点,以及涉外民商事判决、仲裁裁决的承认和执行问题。

中国是国际商贸活动的参与者,中国进出口企业是其中重要的组成部分。随着"一带一路"倡议的不断落地实施、区域贸易协定的出台,以及国际局势的风云变幻,形成系统、完备的法律风险防控和应对体系,不但可以为进出口企业的发展提供强有力的保障,也必然会促进中国国际贸易的长期健康发展。相信《企业进出口贸易的法律风险和防控》一书能够为进出口行业的参与者提供一块回望过去、面向未来的基石,带来有益的借鉴和启迪。

是为序。

张谷

2022 年 5 月 20 日

目　录

第一章　进出口贸易合同订立风险及防范措施

从国际商务实践看,进出口贸易合同主要包括国际货物买卖合同和国际承揽合同两大类(两类合同的区别在下文详述),以国际货物买卖合同为主要形式。进出口贸易合同是确定贸易双方具体权利义务的重要依据,合同内容如不违反法律、行政法规的强制性规定,即对双方当事人具有约束力。简言之,进出口贸易合同在某种程度上就是贸易双方之间的"法律",必须严格遵守,否则将构成违约,需承担相应的违约责任。因此,国内企业在进出口贸易中必须充分认识合同的法律意义,在合同订立这一国际贸易活动的源头就要注意防范合同主体、合同性质、合同订立形式、合同内容等方面的风险,在国际商业交往的初始阶段做好风险防控工作。

第一节　合同主体风险及防范措施

进出口贸易合同的主体是指缔结进出口贸易合同的当事人,是合同权利义务的实际承担者。订约前慎重、正确地选择合同主体,既有利于合同的顺利履行,也有利于发生纠纷后的协商或索赔。

一、合同主体风险

国内企业在签订进出口贸易合同时,在合同主体方面容易遭遇来自外方的风险以及来自自身的风险。

(一)来自外方的风险

第一,合同仅由外商个人签名。常见的风险情形有三种:一是合同首部的当事人为外国某企业,但落款处为个人署名。在国际商业实践中,外国企业没有在合同上加盖企业印章的交易习惯,通常仅仅以企业的负责人或企业授权的员工、代理人等人的签名为准。在这种情况下,交易主体容易出现辨识不清的问题。而且如果国内企业未审查签约代表的授权情况,发生纠纷后,在外国企业提出签约的员工或代理人未获得授权,或代理权限已经变更或丧失的抗辩时,国内企业就会陷入非常被动的局面,可能产生索赔对象为个人,而无法向外国企业主张权利的困境。二是外商虽以外国某企业代表的名义与国内企业洽谈,却以个人名义签约(即合同首部显示的订约方为个人),国内企业如果疏于审查其授权情况,可能同样面临误认交易主体或该外国企业否认签署合同的风险。三是外商以个人名义与国内企业商谈订约,产生纠纷后却声称其系代表外国某企业,而该外国企业往往是没有清偿能力的壳公司,给国内企业带来索赔困难的风险。

第二,外国企业以驻华代表机构的名义订立合同。驻华代表机构不具备法律主体资格,如果代表企业签订合同容易产生合同主体不适格的问题,导致合同不成立,或者在合同效力不受影响时,因外国当事人无法查明或者外国企业抗辩其并非贸易合同当事人而致国内企业陷入合同相对方不明的追责困境。

第三,外商资信差或履约能力欠缺。一些国内企业争抢外贸订单,急于成交,却疏于审查外商的资信及履约能力,贸然订约,在发生纠纷时才发现该外国企业没有清偿能力,从而招致损失。如国内 A 公司与一家注册资本为 10 万元的外国 B 公司签订价款为 1000 万元的货物买卖合同,在此情形下,该外国公司一般无力履行其合同义务,国内 A 公司如果没有事先获得相应的担保,那么向外国 B 公司索赔即便胜诉其也无力偿还。

第四,外商利用名称近似的关联企业或是打着具有高知名度的母公司名号的子公司在签约时对合同主体进行偷梁换柱。如合同抬头显示的订约方为实力雄厚的美国 A 公司,实际盖章的却是关联公司香港 A 公司;或者与国内企业磋商的是美国 A 公司,最终签订合同的是香港 A 公司,两公司字号可能完全相同,只是公司名称的前缀略有差异(如美国 A 公司和香港 A 公司),实际盖章或签约的公司多为没有履行能力的壳公司,履约和清偿能力非常有限。

第五,合同的外方转让合同项下权利义务给欠缺履约和清偿能力的第三方。实践中,合同的外方当事人会声称自己无法继续履行合同义务,提出要将自己的权利义务承继给第三方,并辅之以优惠条件,而我方在未对第三方的资格、资产等条件进行严格审查的情况下,贸然同意该转让,给我方造成风险。

第六,在出口贸易中,国内企业可能因为对既往交易中的中间商过度信任,忽视对合同效力的充分审查以及对真实交易对象的评估与监控。实践中的典型表现为,国内企业看中香港在物流与金融上的优势,通过香港中间商的居间活动,缔结合同,导致其与外商之间没有直接联系,合同也由中间商代签,因此在产生纠纷之后会在确定合同相对方上产生困难,甚至还有中间商假冒买方,意图骗取货物后逃匿的先例。①

第七,对外贸易活动具有国际性,容易受到交易国的政治、经济、文化以及国家之间关系的影响,国际形势的风云变幻又为国际贸易往来增添了风险。在不稳定的政治环境下所进行的交易会大大增加不能履行的风险,无法保证原料的正常供给、产品的自由运输与人员的生命财产安全。而且各国的法律规定之间存在差异,特别是在与有着不同法律体系的国家的公司进行贸易时,两国在法律规定与惯例上的巨大差异可能会给我国企业带来经营风险。

(二)来自国内企业自身的风险

第一,在出口贸易中,一些国内企业的业务员在展会上认识外国企业代表或者接到询价邮件后,便开始谈判订单内容,如果外国企业汇入了预付款或者定金,便容易忽略对外商主体的调查。事后发生问题时,才发现外国企业可能根本没有成立。

第二,国内企业内部管理不善导致签约主体混乱。主要包括两类情形:一是企业的员工未经授权就对外签订合同。二是企业对公章、介绍信、空白合同、授权委托书等管理不严,被别有用心者擅用,而外商基于对这些授权凭证的信任订立合同,合同也因属于表见代理的情况而获得效力,给国内企业平添了履行合同的义务负担。比如国内 A 公司没有保管好自己的电子签章,被离职员工偷用并擅自与外国 B 公司签订合同,外国 B 公司认定其是与 A 公司进行交易,从而引发纠纷。

二、防范措施

信息不对称是造成国际贸易合同签订过程中出现风险的最主要因素,特别是在主体的选择阶段,在对外商当事人了解不够充分的情况下贸然签订合同会增加受到合同欺诈的可能性。国内企业在签订合同时,应当增强风险意识,正确识别和挑选合同主体,避免授权代表无权签订合同的情形,以防止不

---

① 饶丽圆:《谨防贸易主体多样化的风险》,《国际融资》2012 年第 3 期。

必要的风险。具体可采取以下几项措施。

第一，确定交易主体真实存在。如外商系个人，可以通过查看并复印其持有的有效身份证件，了解记录其证件号码、住址等相关身份信息。如外商系企业，可通过以下四种方式核实信息：一是要求外商提供有效的企业登记材料；二是要求外国企业提供在中国境内商业银行开设的离岸账户信息；三是通过境内银行或承保出口信用保险的保险公司了解；四是通过境外律师或通过境内律师委托境外律师调查外商相关信息。一旦发生纠纷，以上信息都有利于确定诉讼或仲裁的相对方。

第二，审查代表外国企业签约的个人（该企业员工或代理人）签约时是否有合法授权。一是要求该签约代表提供经公证认证的授权委托书、委托人及受托人的身份证明材料、外国企业商业登记证等相关证明，确定委托人有权代表企业进行授权，确定受托人有权代表企业签约。二是审查签约代表的授权期限和范围，如外国企业对授权的起止时间，授权签订合同的名称、标的、金额等有无作出规定。三是要求签约代表若以外国企业的名义签订合同，无论是在合同的首部还是落款中都以企业署名。

第三，慎重对待外国企业驻华代表机构的签约行为。按照有关规定，外国企业驻华代表机构是外国企业在中国境内设立的代表企业的业务联络机构，本身不具有独立的法人资格，也不能从事营利性活动。驻华代表机构能否代表企业签约的情况较复杂，易引起争议，在正式签约时，除非其有企业的明确签约授权，或是企业的书面确认文件、由企业负责人签字盖章的证明文件，否则不应接受由其代表外国企业签署合同。

第四，了解外商的商业信誉和履约能力，即使是既有客户，也应当做好定期的资信复查，以防老客户欺诈。有以下几种途径：一是通过与我国有国际业务的银行、承保出口信用保险的保险公司、境外律师等了解对方资信情况、是否被列入黑名单等。二是利用互联网查询，可查看外商是否存在涉行政、刑事调查，涉诉等不良信息。如可通过证券交易所官网（若外商为上市公司）、企业官网、中国裁判文书网等网站查询是否有相关记录。三是利用业界查询，通过行业商会、同业协会、境外爱国华侨团体、资信良好的其他外商或此前与该外商有交易的国内其他企业，了解对方企业是否在业界有不良记录，是否名列风险名单之中。四是在外商履约能力不明的情况下，可通过要求外商先行付款、境内企业延期付款、以资信良好的银行开立的信用证作为付款方式、提供资信良好银行开立的预付款退款保函、境内企业投保出口信用保险、进口预付款保险等方式来降低履约风险。

第五，防范外商利用名称近似的关联企业或其他企业对签约主体进行偷梁换柱。根据合同相对性原则，在合同上签字或盖章的企业一般作为合同主体，故应认真审查合同签章企业的真实资信与履约能力，防止外商先利用有实力的企业进行商务洽谈，后以不具有履约能力的关联企业签约。此外，在合同签约后，如遇到合同外的主体代为履行（如代为收付款、收发货等）时，应要求签订合同的主体或代为履行的第三方出具明确的书面确认函件。如国内 A 公司与外国 B 公司签约，B 公司收货后，由第三方 C 公司支付货款。此时，因合同主体并未改变，仍然是国内 A 公司与外国 B 公司，国内 A 公司应当要求 C 公司对其代付货款行为进行书面确认，避免日后 C 公司以错付款项、A 公司不当得利等为由予以追偿的风险。

第六，对于大额合同，可在签约前了解外商所在国在对外贸易方面的相关规定、习惯与现状。具体可以了解以下几个方面的内容：一是外商所在国的对外贸易开放程度、对进出口的限制程度以及营商环境指数。二是外商所在国是否为《承认及执行外国仲裁裁决公约》的缔约方，是否与我国签订民商事司法协助协定，外商所在国司法廉洁程度及其效率，初步判断在当地法院诉讼、执行的可行性及其效率。三是外商所在国签证的可获得性，与我国的外交关系，政治稳定性，战争、内乱可能性、被制裁因素等。

第七，严格内部管理。在大额合同谈判前，需要我国企业从以下几个方面入手：一是在企业代表谈判前，向对方明确代表的授权范围，尽必要的关于代表身份、授权范围等信息的告知义务与审查提醒义务。二是妥善保管公章、盖章的空白合同、授权委托书等负有权利外观功能的文件与物品，以防被冒用、盗用。

第二节　合同性质风险及防范措施

在签订合同的过程中，应首先注重合同约首的规定，因为合同约首是对合同性质的直观反映，而同一性质的经济行为，可能因为合同标题名称的不同而具有不同的法律意义，并由此引发不同的法律责任。实践中，许多国内企业可能对标题中约定的合同性质不够了解，甚至出现以"意向书""备忘录"等名称作为合同标题的情况,①导致最后所签署文件的法律效力与双方原本的意向存在偏差。此外,国际货物买卖合同和国际承揽合同非常相似,容易混淆。国际货物买卖合同又称国际货物销售合同,是指营业地处于不同国家的当事人之间就货物买卖所产生的权利义务关系达成的协议。国际承揽合同是指承揽人按照营业地处于另一国的定作人的要求完成工作,交付工作成果,定作人给付报酬的合同,具体类型包括加工、定作、修理、复制、测试、检验等。

一、合同性质风险

(一)对合同性质约定不清的风险

合同与意向书、备忘录等文件的主要区别在于,合同文本中规定了双方的权利义务。意向书由于只记录了双方之间就某些事项达成共识的意向,因此通常并不会直接导致买卖合同项下对合同当事人之间关于交付货物、支付货款等产生约束力,与作为对某些事件的记载的备忘录相似,一般都只证明双方有达成买卖合同的意向,而不产生买卖合同的约束力。如果国内企业在订约时混淆了合同与意向书、备忘录的用法,可能会引发对权利的错误处分、对义务的不当承担的风险。

(二)对合同性质认识不清的风险

国际货物买卖合同与国际承揽合同的性质不同,合同双方的权利义务和权利救济方式也存在差异。

第一,行使合同解除权的限制不同。国际货物买卖合同的一方当事人除法律规定或双方约定外,不得任意解除合同。国际承揽合同的定作人则可在承揽工作完成前任意解除合同,承揽人不得要求定作人继续履行,但可要求定作人赔偿其相应的损失。

第二,行使留置权的限制不同。留置权是指债权人按照合同的约定占有债务人的动产,债务人不按照合同约定的期限履行债务的,债权人有权依照法律规定留置财产,对该财产进行折价或者对拍卖、变卖该财产的价款优先受偿。国际货物买卖合同的卖方在货物交付买方之前通常控制货物的所有权,

① 曾宁:《出口货物销售合同的法律风险防范》,硕士学位论文,华东政法大学,2010 年,第 5 页。

故不存在行使留置权的说法。国际承揽合同除当事人另有约定外,定作人未向承揽人支付报酬或者材料费等价款的,承揽人对完成的工作成果享有留置权。

第三,法律适用不同。国际货物买卖合同双方当事人营业地位于不同国家且均为《联合国国际货物销售合同公约》(The United Nations Convention on Contracts for the International Sale of Goods,简称 CISG)缔约国的,除非双方另行约定准据法或明确排除 CISG 的适用,否则 CISG 适用于合同。我国相关法律规定,若与 CISG 冲突的,则应适用 CISG 的规定。因 CISG 与我国原《合同法》存在一些差异,适用后案件的最终处理结果有时也会有一定差异,这一点需要引起注意。国际承揽合同不适用 CISG,一般按照双方约定的实体法(即准据法)处理,若无约定,则由法院根据特征履行或最密切联系原则确定准据法。[①]

第四,允许协议风险转移的时间不同。国际货物买卖合同中双方可以依据需要变更风险转移时间。国际承揽合同却只能在承揽人交付工作成果时转移风险。[②]

二、防范措施

(一)对合同性质约定不清的风险防范

在签订合同时,应该尽量避免使用"意向书""备忘录"等设定买卖合同项下当事人的权利义务,同时,当只涉及对双方的意向、谈话等进行确定时,应当慎用合同,以免因为误用三种性质不同的文件而对当事人的实体权利义务产生影响。

(二)对合同性质认识不清的风险防范

国内企业应了解国际货物买卖合同和国际承揽合同的差异,根据合同的具体权利义务,判断合同性质,确定合同名称。一般可从下面几个方面进行分析判断。

第一,标的物的生产时间。国际货物买卖合同的标的物可能在合同签订时已

---

① 参见《中华人民共和国涉外民事关系法律适用法》第四十一条。

② 崔建远:《合同法》,北京:法律出版社,2016年,第371页。

经生产完毕或正在生产;国际承揽合同的标的物一般在合同订立后才开始加工制作。

第二,原材料提供方式。国际货物买卖合同的货物原材料一般由卖方购买,但存在买方指定原材料的提供方的可能性,国际承揽合同的货物原材料,可由定作人提供,也可由承揽人购买,双方一般会在合同中约定原材料的提供方以及规格、数量、质量等。

第三,标的物种类。国际货物买卖合同的标的物既可为种类物,亦可为特定物,通常载明标的物的品名、规格、数量、质量标准等;也可能买方在合同签订之前就设计图、裁剪图等对卖方提出生产要求。国际承揽合同的标的物一般为特定物,合同常附有设计图、裁剪图等对定作物的具体要求,承揽人应按定作人的特定要求进行生产。

第四,标的物是否具有流通性。国际货物买卖合同的标的物一般是种类物,且本身就在市场中流通,因此更容易转让。因为国际承揽合同的标的物一般为特定物,所以满足的一般是定作人的特殊需求,难以在市场上进行自由买卖。

第五,标的物的检验。国际货物买卖合同的买方一般不进行过程中检验,但不排除在货物生产完毕后(装运前)进行检验。国际承揽合同中承揽人有义务接受定作人对标的物的加工制作过程的必要检查,检验一般分多次进行,会对试样、产前样及大货等分别进行检验,定作人有时会派遣专门的跟单业务员到承揽人处定期检验。

第六,质量标准。国际货物买卖合同的质量标准一般适用双方约定的标准,并应符合销售地的强制性标准;国际承揽合同的质量标准一般根据定作人的要求确定。

第三节　合同订立形式风险及防范措施

合同的订立形式是合同内容的外在表现。实践中,由于外贸合同的跨境特性,多采用电子邮件等电子数据方式订立。很多企业,尤其是中小微企业,对于合同订立形式的细节规范不够重视,再加上对于新兴电子商务中潜在的风险认识不足,轻视合同订立形式的现象较为普遍。

一、合同订立形式风险

第一，未签订合同或未签订正式合同。目前存在国内企业为了追求交易效率，未签订合同或未签订正式合同，仅凭口头约定、发货通知单、形式发票等简易合同进行交易的情形，在发生争议时可能产生较大法律风险。书面形式的合同具有以下作用：一是使合同具有确定性、公开性和告诫性，①以文本的形式将双方的贸易关系和权利义务固定下来，未经双方合意不得任意变更合同条款，也使合同内容、生效时间更加准确。二是作为纠纷发生时的一项关键证据，书面证据比观念记忆更为准确，实践中签订合同通常要经历一个复杂的过程，如果当事人日后对所作出的口头承诺反悔，在发生争议时，可能由于时间间隔久远而产生条款无法确定的结果。一般而言，有书面合同时，在无相反证据对合同中内容进行排除的情况下，应当依据书面合同中的记载来确定双方的权利义务。合同形式的不确定性削弱了合同保存证据、督促当事人谨慎交易、信息透明和说明提示等功能。如果合同订立的形式不受任何条件限制，则会隐藏大量潜在的不可预期的贸易风险和交易安全问题。如今在贸易电子化环境下，合同订立形式的潜在风险并未消失，反而随着各国、各地区社会经济发展以及交易习俗的变化而变得更加复杂。②

第二，电子商务合同的潜在风险。外贸活动中，很多国内企业倾向采用即时聊天工具等方式签订合同，虽然这些形式快捷便利，降低了交易成本，简化了交易手续，但其中的潜在风险不容忽视。

一是数据电文满足原件形式要求的标准比较高。订立传统的纸质合同时，双方通常各保留一份经对方签字或盖章的文本，比较容易识别是不是原件。对于电子合同而言，数据电文能够有效地表现所载内容并可供随时调取查用，但必须能够可靠地保证自最终形成时起，内容保持完整、未被更改，才满足原件形式要求。此外，在数据电文上增加背书以及数据交换、储存和显示过程中发生的形式变化不影响其完整性。

由于数据电文储存在移动电话、计算机或其他储存介质中，其储存、修改、流转、复制等过程均通过移动电话、计算机或其他储存介质等进行，万一遗失

---

① 余劲松、吴志攀：《国际经济法》，北京：北京大学出版社，2014 年，第 81 页。

② 曾文革、谭添、宋子博：《电子化环境下外贸企业的合同风险及其应对——CISG 第 11 条保留撤回引发的思考》，《海关与经贸研究》2014 年第 1 期。

或操作不当,可能就难以找回。

二是合同当事人身份难以识别。网络环境下,合同当事人体现为一种身份识别代码,即用户名。身份识别代码是指通过一组数据来指代与体现主体信息,非常抽象,难以辨识。除非当事人另有约定,只有经发件人授权发送的,发件人的信息系统自动发送的,或者收件人按照发件人认可的方法对数据电文进行验证后结果相符的,方可视为发件人发送。合同当事人对前款规定的事项另有约定的,从其约定。例如,国内 A 公司为证明其与外国 B 公司关于线圈包装质量纠纷的沟通过程,提交了双方的往来电子邮件。B 公司提出异议,认为该证据是私人电子邮件,邮件双方是 JS 陈和 Janef,身份不明,内容也不能证明 A 公司的诉请。法院最终对该证据的证明力不予确认。

三是取证手续繁复。通过电信部门查阅传真电话清单记录可以认定一部分传真件的有效性,但取证手续较为繁复,且电信部门的记录保存有时间限制,对于一些合同履行期较长的国际货物买卖合同,因时间过长,电信部门不再保留或不再提供相关通话记录,在取证上存在困难。

二、防范措施

第一,保存书面交易资料。一是尽量与外商签订书面合同。对于重要的合同,如果系通过传真、电子邮件等方式洽谈达成,应将最终的书面合同打印出来并邮寄外商,要求签字后寄回。二是合同履行过程中,外商口头要求变更合同条款的,应告知外商以书面方式或通过在合同中确认的传真号、电子邮箱发送正式变更函件。三是建立交易档案制度。对于合同签订、履行过程中的必要资料,应当建档保留。对每笔交易都建立专门的档案,对交易主体的材料及磋商、缔约、履行、结算过程中的所有文件、单据、函件等以适当的方式和载体进行保存。

第二,保留电子数据资料。对于电子邮件,如果外商使用企业专用邮箱发送,需要在合同中确认该电子邮箱,并保留与交易相关的全部往来邮件。一旦涉讼,在起诉时可由公证机关登录国内企业的邮箱打开邮件,制作公证书,这样的电子邮件才具有较高的证据效力。如果外商使用公共服务邮箱发送电子邮件,除保存邮件内容外,还应注意收集其他辅助证据,如订单、传真件等,通过内容的相互印证,证明外商系该公共服务邮箱的实际使用人。国内企业尽量不要以传真方式与外商沟通。确实无法避免的,对于传真件,国内企业应尽量使用本公司登记的传真号码发送,传真机的日期及时间应同步更新,使传真件能够真实反映发送传真件时的号码、时间,并在电信部门通常的保存时限内查询通话记录清单予以保存。日后若外商质疑传真件的真实性,国内企业可提供相应的通话记录清单佐证传真件的真实性。需要注意的是,由于单一传真件难以单独作为认定案件事实的依据,因此国内企业应整理保存涉及交易的全部往来传真件,显示各传真件之间的内容相互衔接,以便发生纠纷时法院或仲裁机构能够综合审查判断各传真件之间的连续性及关联性,查明相关事实。对于合同内容的变更(如数量、价款、交付时间等),除用传真件确认外,可另行签订变更协议、备忘录或要求外商出具书面的确认书等予以固定。

第四节　合同内容风险及防范措施

在签订进出口贸易合同时,除应正确选择合同主体、明确合同性质及重视合同订立形式外,还应当完善合同内容,避免条款内容的欠缺和争议。

一、合同内容风险

第一,标的条款。对合同标的物描述不清晰、不严密,有的未使用标的物规范的通用名称,有的仅使用种类物名称,未明确标的物的具体型号、规格等,无法特定化,容易引起歧义和争议。如合同约定标的物为"花生",买方可能认为是花生米,卖方则认为是带壳花生。

第二,数量条款。有的未约定标的物的具体数量,有的对计量单位约定不明,有的未约定双方认可的统一的计量方法,有的未约定合理的磅差或尾差。

第三,质量条款。有的对标的物的具体品质、技术指标、规格、型号要求等未进行约定或约定过于笼统,如合同仅约定"按模具制作"或"品质良好";涉及"按样品交货"的,但样品未经双方共同签字确认封存;有的未约定品质要求的合理公差范围;有的未约定质量检验的机构、时间、地点、标准等。

第四,价款条款。合同约定以外币为结算单位的,可能未考虑汇率变动的风险;对 FOB(离岸价格)、CIF(到岸价格)、CFR(成本加运费)等国际贸易术语的含义和差异不了解、不熟悉,选择较随意。

第五,包装条款。有的合同使用"适合海运包装""习惯包装"和"卖方惯用包装"等模糊词语;有的对包装方式选择不当,使货物在长途运输中受潮变质或短少,引发纠纷;有的应外商要求在包装上贴牌,涉嫌侵犯他人知识产权。

第六，履行条款。有的国内企业急于签约，约定的交货期过短，未留足必要的生产、运输时间，导致延迟交货，由此引发外商索赔、拒收货物或拒付货款。

第七，支付条款。对资信状况不了解或不良的外商，在出口时接受赊销方式，在进口时选择预付货款方式。

第八，违约责任条款。有的合同违约责任条款显失公平，对于国内企业的违约责任过于严苛，赔偿标准较高，而对于外商的违约责任未作约定或约定的赔偿标准较低。

第九，不可抗力条款。合同中未就不可抗力条款作出约定。

第十，法律适用及争议解决条款。有的合同在法律适用条款上，应外商要求选择外商所在国的法律作为解决纠纷的准据法，由于国内企业对境外法律不了解、不熟悉，对违反合同的后果缺乏合理预期，纠纷发生后往往招致不利的法律后果。有的合同对争议解决的方式选择过于随意，约定由法院管辖，但我国与外商所在国之间可能不存在民商事司法协助条约，判决的承认和执行环节存在不确定性。有的选择国外仲裁机构仲裁，但对国外签证的可获得性及国外仲裁的成本缺乏预判。

二、防范措施

第一，标的条款。合同标的条款应使用标的物的规范通用名称（或品名）。使用种类物名称的，还应明确具体的规格、型号等，以使标的物特定化或具体化，避免不必要的争议。

第二，数量条款。一是对数量的约定应明确、具体，不宜使用"大约""近似""左右"等不确定的表述。二是避免遗漏计量单位，如应明确是"公吨"，还是"公斤""磅"等。三是要明确约定统一的计量方法。如合同标的物为原油，实践中存在流量计计量、油罐计量和油舱计量等不同的计量方法，故对装、卸港交接货物的计量方法应约定一致，避免因计量方法的不同，引发纠纷。四是有些合同中还应约定合理的磅差或尾差，合理约定数量的机动幅度。如矿石、谷物、油品等大宗散装货物因标的物的自身特性、运输或包装等原因，会产生一定损耗，应允许卖方在交货数量上有合理误差。

第三，质量条款。一是要明确约定标的物的具体品质、技术指标、规格、型号等，避免使用"品质良好""品质上好"等笼统表述。二是涉及"按样品交货"时，应当由双方共同封样。三是对化学物品、油料等特殊商品，需约定"杂质"

"水份"的含量及合理误差。四是要明确约定质量检验的具体机构、时间、地点和标准。国内企业作为出口商时，要尽可能约定在货物出运前进行检验，避免约定到港检验，防范货物运输途中的质量变化风险。国内企业作为进口商时，要尽可能约定在目的港检验（法定装运前检验货物除外）。此外，在进口国对于货物品质有强制性质量标准时，还要特别注意隐性的商检条款。

第四，价款条款。一是在可能的情况下，选择人民币作为结算货币。二是如果选择外币结算，订约时应充分考虑汇率变化的因素，正确测算贸易的成本，并尽量选择汇率稳定、流动性强的币种作为结算货币。三是要熟悉和掌握不同国际贸易术语的含义和差异，根据进出口贸易中不同的贸易地位，合理选择对己方有利的国际贸易术语，如国内企业为出口商时，尽可能选择 CIF 术语；国内企业为进口商时，尽可能选择 FOB 术语。在选择贸易术语时，要明确适用的国际贸易术语解释通则的版本。

第五，包装条款。一是要根据货物的具体特点和不同运输方式，明确约定包装的具体材料、方式、规格和标志等，确保包装方式安全、合理、适运、适销。二是应外商要求在包装上贴牌的，需外商书面承诺该贴牌不侵犯他人知识产权。在运输实践中，为避免货物混装或延误，还涉及包装上的唛头问题，唛头的内容要在合同中明确约定，并注意其内容与相关单证的一致性。

第六，运输条款。要明确交付承运人的时间、地点和方式，避免产生歧义。

第七，支付条款。要了解不同支付方式下的货款和货物风险。国内企业为出口商时，尽量约定以资信良好的银行开立的信用证，尤其是我国工、农、中、建、交五大国有商业银行境外分支机构开立的信用证作为付款方式（或开立见索即付保函作为担保），或者以前 T/T 等方式进行支付（或至少提前支付部分货款），以降低出口企业的收款风险。国内企业为进口商时，尽可能选择后 T/T，或要求外商电放货物（海运情况下，或先交付提单）。在涉及大额合同时，如国内企业需要预先付款，可考虑要求外商提供资信良好的银行开立的见索即付预付款退款保函作为担保。

第八，违约责任条款。一是要充分考虑各种情形，针对每一义务条款均设置明确具体的违约责任条款，从而使义务与责任相对应。二是要尽量争取对等的违约责任内容，避免设定对己方较高的违约责任，或者对外商未设定违约责任，或者设定较低的违约责任。三是避免赋予外商过于宽泛的单方决定权（包括合同解除权）。

第九，不可抗力/艰难情势条款。要根据合同准据法设定不可抗力条款，在适用不熟悉的境外法时,不可抗力条款要规定得明确、具体。可参考国际商会的不可抗力/艰难情势条款,并将其约定在合同中。

第十,法律适用及争议解决条款。国内企业在签订合同时,在可能的情况下(尤其作为买方)要尽量争取以中华人民共和国法律作为合同准据法。如果非要选择某外国法作为准据法,尽可能选择第三国法律,尤其是司法廉洁、高效的国家的法律作为准据法。在选择外国法时,尽可能不排除CISG的适用。

在约定仲裁作为争议解决方式时,一是应核实合同当事人所在国家或地区是否均为《承认及执行外国仲裁裁决公约》的缔约方。二是选择双方都接受的国际公认的仲裁机构仲裁,并选择其示范仲裁条款。三是选择签证比较容易获得的地点作为仲裁地。

在选择法院诉讼作为争议解决方式时,一是核实合同相对方所在国家或地区与我国是否存在民商事司法协助条约或类似安排,是否均为《海牙送达公约》《海牙取证公约》缔约方,是否与我国存在互惠关系。二是考虑合同相对方所在国家或地区的司法独立性、廉洁性及裁判效率。三是考虑签证可获得性。

案例 1-1 杭州 H 公司与美国 K 公司国际货物买卖合同纠纷案

【案例简介】

2016 年 9 月 16 日,美国 K 公司负责人通过邮件主动联系杭州 H 公司,希望成为 H 公司在美国的经销商,后 K 公司陆续向 H 公司下了三个订单,但 H 公司仅收到了第一个订单项下的预付款 20000 美元。2016 年 12 月,H 公司要求 K 公司支付后续货款时,被告知 K 公司已支付后续款项总计 84354 美元。此时 H 公司发现公司业务人员的邮箱被黑客入侵,导致 K 公司的贷款未按照 H 公司的要求汇入指定账户。因未收到后续货款,H 公司要求 K 公司重新向公司指定账户支汇入剩余货款,但 K 公司未予支付,H 公司据此解除了三个订单。本案例中,K 公司声称共支付了 104354 美元的货款,并于 2017 年 5 月 3 日在美国某州法院起诉 H 公司,以欺诈等为案由主张 3 倍惩罚性赔偿金共 313062 美元,并要求补偿律师费。后经中美双方律师通力协作,H 公司得以与 K 公司在庭前达成和解。

【法律评析】

在国际货物贸易中,外贸企业的商业交往囿于地域的阻隔,高度依赖电子邮件作为交流、谈判的主要形式,电子邮件已经成为外贸企业商业往来中最为常见的交流方式。实践中,电子邮件中往来的信息因为已经以电子数据文本的形式固定下来,可以作为法院认定案件事实的证据,文本信息相较于通过电话等以口头形式订立的合同而言,更具有可信度。但电子邮件的信息安全也至关重要,有时有些别有用心的黑客可能会瞄准大企业的邮箱,盗取其中的信息,或是盗用身份向交易对方发送邮件,牟取不正当利益。况且黑客身份隐蔽性强,追踪到具体人员的难度较大,追踪成本较高,多数情况下企业难以确定侵权责任人,而不得不自担损失,对企业利益造成极大损害。因此,企业在外贸经营中应当特别注重电子邮件的信息安全,警惕黑客入侵,将确认对方身份信息作为必要步骤,即使是对已经建立深厚合作关系的交易伙伴也不应懈怠,保持审慎态度,仔细核对收件人的邮箱地址等信息。

第二章　外贸代理制度法律风险及防范措施

外贸代理制度是指由外贸公司充当国内客户或供货部门的代理人,代表委托人签订进口或出口合同,并收取一定的佣金或手续费的法律制度。

外贸代理企业需要承担相应的责任,而价格和其他合同条款的最终决定权属于委托方,进出口盈亏和履约责任最终也由委托方承担。

作为社会分工的产物,外贸代理制度在开拓国际市场中发挥了重要作用。经过多年的发展和完善,已经成为我国现代国际贸易中的一种重要方式。

外贸代理企业作为中介虽没有直接受市场经济的影响,但是其代理费用的收取通常与进出口委托企业可获取的收入相关,而且其业务规模也与市场发展有着不可忽视的相关性。同时外贸代理企业承担着对外商、运输公司、海关的责任,因此外贸代理业务存在较大风险。

第一节　外贸代理制度概述

中国的外贸代理制度始于计划经济时代的外贸专营制度。

1991 年 8 月 29 日,对外经济贸易部颁布了《关于对外贸易代理制的暂行规定》(对外经济贸易部令〔1991〕第 1 号)。该规定第一条规定:"有对外贸易经营权的公司、企业(代理人)可在批准的经营范围内,依照国家有关规定为另一有对外贸易经营权的公司、企业(被代理人)代理进出口业务。如代理人以被代理人名义对外签订合同,双方权利义务适用《中华人民共和国民法通则》有关规定。如代理人以自己名义对外签订合同,双方权利义务适用本暂行规定。"第二条规定:"无对外贸易经营权的公司、企业、事业单位及个人(委托人)需要进口或出口商品(包括货物和技术),须委托有该类商品外贸经营权的公司、企业(受托人)依据国家有关规定办理。双方权利义务适用本暂行规定。"

1994 年 5 月 12 日,我国颁布了《中华人民共和国对外贸易法》(主席令第二十二号），以法律形式明确企业经过审批后才可以取得外贸经营权，没取得外贸经营权的企业可以委托具有外贸经营权的企业从事外贸业务，正式将外贸代理认定为委托法律关系。该法第八条规定："本法所称对外贸易经营者，是指依照本法规定从事对外贸易经营活动的法人和其他组织。"第九条规定："从事货物进出口与技术进出口的对外贸易经营，必须具备下列条件，经国务院对外经济贸易主管部门许可：（1）有自己的名称和组织机构；（2）有明确的对外贸易经营范围；（3）具有其经营的对外贸易业务所必需的场所、资金和专业人员；（4）委托他人办理进出口业务达到规定的实绩或者具有必需的进出口货源；（5）法律、行政法规规定的其他条件。前款规定的实施办法由国务院规定。外商投资企业依照有关外商投资企业的法律、行政法规的规定，进口企业自用的非生产物品，进口企业生产所需的设备、原材料和其他物资，出口其生产的产品，免予办理第一款规定的许可。"第十三条规定："没有对外贸易经营许可的组织或者个人，可以在国内委托对外贸易经营者在其经营范围内代为办理其对外贸易业务。接受委托的对外贸易经营者应当向委托方如实提供市场行情、商品价格、客户情况等有关的经营信息。委托方与被委托方应当签订委托合同，双方的权利义务由合同约定。"

　　1995 年，我国开始制定《中华人民共和国合同法》（以下简称《合同法》），对于外贸代理制度如何在《合同法》中体现，当时产生了巨大争议。在《合同法》建议草案和多次审议稿中，均将外贸代理制度放在"行纪合同"章节。原对外贸易经济合作部认为，采用行纪合同制度解决外贸代理的问题，存在诸多不便，强烈要求将外贸代理制度独立于行纪合同制度。这项要求得到了全国人民代表大会常务委员会的回应，第九届全国人民代表大会第二次会议召开时才临时决定将原本放置于"行纪合同"一章中的若干规定，移至"委托合同"一章，形成《合同法》第四百零二条和第四百零三条，"行纪合同"一章中的其他规则及安排未变。

　　1999 年 10 月 1 日，我国《合同法》生效，该法第四百零二条和第四百零三条根据我国外贸代理的背景，并参考英美代理法及欧洲合同法原则，设定了间接代理制度。该制度突破了合同相对性原则，分别赋予了委托方介入权和第三人选择权，有效保护了外贸代理企业的权益。这种突破合同相对性的安排是非常具有挑战性的。在外贸代理制度下，由于企业没有对外贸易经营权，只能委托外贸代理企业签订合同，而合同的主体只能是有经营权的外贸代理企业，但由于境外第三人是委托人自行寻找并洽谈商业条款的，外贸代理企业无法有效甄别贸易风险,所以《合同法》第四百零二条直接约定,第三人在订立合同时是知道受托人与委托人之间的代理关系的,直接约束了委托人和第三人,这样外贸代理企业就将商业风险转嫁给了委托人。第四百零三条解决的是第三人不知道受托人与委托人之间的代理关系的情况,如果第三人违约,受托人通过披露第三人的信息,便可以让委托人直接向第三人追偿,从而快速脱离贸易纠纷;如果委托人违约,受托人向第三人披露委托人的信息,从而对第三人进行补偿。具体规定如下。第四百零二条规定:"受托人以自己的名义,在委托人的授权范围内与第三人订立的合同,第三人在订立合同时知道受托人与委托人之间的代理关系的,该合同直接约束委托人和第三人,但有确切证据证明该合同只约束受托人和第三人的除外。"第四百零三条规定:"受托人以自己的名义与第三人订立合同时,第三人不知道受托人与委托人之间的代理关系的,受托人因第三人的原因对委托人不履行义务,受托人应当向委托人披露第三人,委托人因此可以行使受托人对第三人的权利,但第三人与受托人订立合同时如果知道该委托人就不会订立合同的除外。受托人因委托人的原因对第三人不履行义务,受托人应当向第三人披露委托人,第三人因此可以选择受托人或者委托人作为相对人主张其权利,但第三人不得变更选定的相对人。委托人行使受托人对第三人的权利的,第三人可以向委托人主张其对受托人的抗辩。第三人选定委托人作为其相对人的,委托人可以向第三人主张其对受托人的抗辩以及受托人对第三人的抗辩。"

2001 年 11 月 10 日,我国经过与 WTO 的谈判,签署了《中华人民共和国加入世界贸易组织议定书》,在该议定书第五条"贸易权"中承诺,逐步放宽贸易权的收益和范围,以便在加入 WTO 后的三年内,中国所有企业都有权在中国关税领土内进行所有的货物贸易。具体条文如下。第五条"贸易权"规定:"(1)在不损害中国以与符合《WTO 协定》的方式管理贸易的权利的情况下,中国应逐步放宽贸易权的获得及其范围,以便在加入后三年内,使所有在中国的企业均有权在中国的全部关税领土内从事所有货物的贸易,但附件 2A 所列依照本议定书继续实行国营贸易的货物除外。此种贸易权应为进口或出口货物的权利。对于所有此类货物,均应根据 GATT1994 第三条,特别是其中第四款的规定,在国内销售、许诺销售、购买、运输、分销或使用方面,包括直接接触最终用户方面,给予国民待遇。对于附件 2B 所列货物,中国应根据该附件中所列时间表逐步取消在给予贸易权方面的限制。中国应在过渡期内完成执行这些规定所必需的立法程序。(2)除本议定书另有规定外,对于所有外国个人和企业,包括未在中国投资或注册的外国个人和企业,在贸易权方面应给予其不低于给予在中国的企业的待遇。"

2004年4月6日,为了配合前述议定书的承诺,我国修改了《中华人民共和国对外贸易法》,将对外经营者审批制改为备案制,放开了对外贸易经营权。这意味以前众多没有对外贸易经营权的企业可以经备案以自己的名义从事对外贸易。之前由于没有对外贸易经营权,企业只能通过外贸代理的方式对外从事贸易活动,与外商签订合同的主体是外贸代理企业。具体条文如下。第八条规定:"本法所称对外贸易经营者,是指依法办理工商登记或者其他执业手续,依照本法和其他有关法律、行政法规的规定从事对外贸易经营活动的法人、其他组织或者个人。"第九条规定:"从事货物进出口或者技术进出口的对外贸易经营者,应当向国务院对外贸易主管部门或者其委托的机构办理备案登记;但是,法律、行政法规和国务院对外贸易主管部门规定不需要备案登记的除外。备案登记的具体办法由国务院对外贸易主管部门规定。对外贸易经营者未按照规定办理备案登记的,海关不予办理进出口货物的报关验放手续。"

2021年1月1日生效的《中华人民共和国民法典》第三编——合同编之第23章委托合同中第九百二十五条规定:"受托人以自己的名义,在委托人的授权范围内与第三人订立的合同,第三人在订立合同时知道受托人与委托人之间的代理关系的,该合同直接约束委托人和第三人;但是,有确切证据证明该合同只约束受托人和第三人的除外。"第九百二十六条规定:"受托人以自己的名义与第三人订立合同时,第三人不知道受托人与委托人之间的代理关系的,受托人因第三人的原因对委托人不履行义务,受托人应当向委托人披露第三人,委托人因此可以行使受托人对第三人的权利。但是,第三人与受托人订立合同时如果知道该委托人就不会订立合同的除外。受托人因委托人的原因对第三人不履行义务,受托人应当向第三人披露委托人,第三人因此可以选择受托人或者委托人作为相对人主张其权利,但是第三人不得变更选定的相对人。委托人行使受托人对第三人的权利的,第三人可以向委托人主张其对受托人的抗辩。第三人选定委托人作为其相对人的,委托人可以向第三人主张其对受托人的抗辩以及受托人对第三人的抗辩。"

从《民法典》第九百二十五条和九百二十六条来看,其基本与原《合同法》第四百零二条和第四百零三条的规定一致。

第二节 外贸代理业务风险及防范措施

众所周知,进出口贸易中存在很多风险,有些风险甚至相互重合,本节重点论述外贸代理业务中比较常见的几种风险及相应的防范措施。

一、外贸代理业务风险

(一)进出口风险

近年来,随着外贸代理企业资金周转效率的逐步降低,进出口难度逐渐加大。特别是某些企业新成立的营业部,为了迅速扩大经营规模,采取急功近利的方式,让不法人员有机可乘。总有些人喜欢钻法律的空子,采用欺诈等手段给外贸代理业务带来经营风险。例如,虚开各种增值税发票,利用外贸代理企业的进出口经营权获取相应的退税,进而使企业遭受一定损失。

(二)信誉风险

第一,外贸代理企业的信用风险。作为在外贸交易中处于特殊地位的一方,外贸代理企业以委托方的身份,签订合同和履行各种进出口业务责任。在整个进出口贸易中,外贸代理企业需要获得相关的佣金,而佣金往往直接关系其在进出口贸易中获得的利益。

但是,在实际操作过程中,有不少外贸代理企业过于注重成本,往往不重视委托方的利益。在这种情况下,外贸代理企业为了获得更大的利益,通常会在进出口贸易活动中提出一些不合理的要求,或者在履行合同责任的过程中表现出不正当的行为,从而影响受托方的利益。[①]

此外,一些上下游的虚假信息会对外贸代理企业产生一定的影响,从而使企业的信用风险升高。特别是现在实行联合激励、联合惩戒政策,企业的信用显得尤为重要。

第二,委托方的信用风险。外贸代理业务中的一个风险源就是委托方。委托方如果有任何问题都会对外贸代理企业的诚信造成很大影响。只有通过

---

① 汤海芳:《如何规避进口外贸代理业务的经营风险》,《企业改革与管理》2019年第4期。

合同约定才能降低甚至杜绝因诚信带来的风险。目前在外贸代理业务中，尤其是进口代理，主要由外贸代理企业支付全部货款，如果委托方违约将会给外贸代理企业造成很大的损失。如果委托方与外商存在勾结，甚至会造成外贸代理企业的全部损失。此外，委托方可能通过借贷、利率或汇率变化等方式来赚取中间的差价，还有一些是以虚假贸易背景开展进口业务来获取利益，如果外贸代理企业对这些业务不严格检查，可能会产生很大的风险。另外，在实践中经常出现货物与实际报关不符的情况，如在合法货物中夹带非法货物，甚至虚报非法货物为合法货物，比较常见的是走私烟花爆竹等未申报的产品。当然这也是委托方的信誉问题。但是，由于外贸代理企业承担着一定责任，最终可能面临被处罚的风险，也会影响外贸代理企业的整体信用评价。

(三)合同风险

在外贸代理业务中，合同的签订是关键环节，也是外贸代理业务面临的主要风险之一。因为在实际代理业务中，外贸代理企业不仅要收取费用，还需要承担相关的责任，一旦合同中的责任条款不明确或不利于外贸代理业务，就会给其带来影响。合同条款的制定本身就存在很多风险，一般合同涉及的风险主要为合同条款不明确、不合法，存在漏洞甚至陷阱。任何合同条款不科学或不合理都有可能给外贸代理企业带来后续的纠纷或损失。此外，代理进口合同、外贸进口合同、质押协议、仓储合同、担保合同、信用证条款的设置也在一定程度上决定了外贸代理企业是否存在风险。同时，合同问题的发生，会使得最终的司法处理更加困难。

(四)信用证下的风险

外贸代理企业通常被称为"信用证开证公司"，究其缘由是外贸代理企业拥有银行的信用额度，可以帮助公司开出即期或延期的信用证，尤其是一些没有出口权限的公司，如工厂。信用证开出，国外信用证项下的单据到达后，外贸代理企业就承担了到期无条件付款的责任。这时，如果客户不能按时足额付款，风险就会产生。这种风险可分为两种：一种是市场风险。假设货到时，市场价格急剧下降。虽然外贸代理企业选好了货物，客户也带着部分货款提走了货物，但按市场价格出售货物的收益仍不够外贸代理企业信用证下的货款，客户无法支付差价，导致外贸代理企业产生损失。二是客户风险。客户为了筹集资金，要求外贸代理企业对容易销售的大宗货物开出信用证，然后以虚假抵押或担保的方式诱使外贸代理企业放货。这时,客户可能无法付款,已负债累累,抵押物已抵押给多家单位,或担保单位的公章与工商备案的公章不一致,或外贸代理企业的公章与合同章、海关章不一致,给外贸代理企业造成巨大损失。一些别有用心的人甚至故意在进出口业务的操作上给外贸代理企业设下陷阱,而外贸代理企业可能还浑然不知。

(五)违规代理的财务风险

第一,违反税收政策的财务风险。违规代理是指虚构已缴税货物出口事实、用空白核销单等单据和虚假合同、发票等材料,从海关取得出口货物报关单等凭证,涉嫌骗取国家出口退税等。违规代理业务违反了《国家税务总局、商务部关于进一步规范外贸出口经营秩序切实加强出口货物退(免)税管理的通知》的有关规定。对此类业务的退税应予追缴,不予办理退税。骗取出口退税的,由税务机关追回骗取的相应退税款,并对该企业处以罚款,暂停出口退税权。这对于外贸代理企业来说,可能会面临巨大的财务风险和信用风险。许多案件中存在虚假贸易风险,虚构贸易背景,以贸易为名掩盖诈骗、融资等非法目的。实践中,如果外贸代理企业违规代理,会受到相应的刑事及民事处罚。[①]

第二,违规代理的财务风险与收益极不对等,也会造成企业现金流风险。通常来说,高风险对应高收益,低风险对应低收益,但对于违规代理业务,财务风险和收益极不对等,因而就有许多外贸代理企业铤而走险。目前很多外贸代理企业为了增加代理收入,收取的代理费非常低,低至报关出口货物的价值或开具增值税发票金额的 0.1% 左右。为了保持代理量,一些外贸代理企业按配额向客户收取约 1 万至 5 万元的代理费。此外,一些外贸代理企业为了稳定公司的出口,即使代理费很低,也愿意接受代理。但是,外贸代理企业所承担的经济风险是巨大的,一旦涉案企业被税务机关视为非法经营,将承担几十倍,甚至上百倍的经济损失风险。即使外贸代理企业破产,相关人员也会受到法律的制裁。

(六)政策法规风险

政策法规风险包括国家政策法规的调整所带来的风险和外贸代理企业因

---

① 战少玲:《外贸企业代理进口风险防范研究——以 R 公司为例》,《消费导刊》2019 年第 1 期。

违法经营被查处的风险,以及国内外法律和政策的差异所导致的风险。这里应排除战乱、政权更替这类不确定因素所带来的风险,如果存在这类情况,外贸代理企业应在交易前提醒客户。如果外贸代理业务违反了当地国家法律法规,外贸代理企业应承担第一责任,这将给其带来后续的声誉风险和信用风险。

二、防范措施

(一)加强进出口风险管理

进出口风险是当前外贸代理企业在发展业务时面临的主要风险之一,为减少该风险的出现,外贸代理企业应做好进出口风险管理。

第一,制定合理的经营目标。我国大部分地区都会受到国际经济因素的影响,外贸代理企业面临巨大的经营压力。目前,许多外贸代理企业的经营目标在于如何在国际贸易中稳定发展。因此,需要结合实际情况和外贸代理业务要求,合理制定经营规划方案,转变经营理念,强化企业管理制度建设,让外贸代理企业从以前单一的进出口贸易代理模式逐步向区域代理的方向转变。

第二,加强专业人才培养。组建专业人才队伍,增强外贸代理企业的综合竞争实力,引导企业经营目标快速实现。

第三,调整经营方式策略。随着市场竞争水平的不断上升,外贸代理企业原有的单一运作模式已不能满足当前外贸代理业务的发展需要,面临的经营风险不断提高。以外贸代理为主体的企业,应做好外贸代理业务和外贸代理产品规模扩大工作。根据外贸代理的含义,外贸代理只是适用于具有进出口经营资格的外贸企业在其他企事业单位的授权范围内开展各种进出口业务,同时获得一定的代理商业活动费用。只靠单一的代理费来保证企业的正常运转是不可能的,所以外贸代理企业需要适当改变运营理念,转变现有的运营模式,从产品和技术等方面开展代理业务,并改变进出口模式以获得产品和技术的区域营销代理经营权。

(二)加强信用风险管理

第一,加强外贸代理企业信用风险管理。信用是外贸代理企业稳定发展的基础。一旦出现信用风险,不仅会影响企业金融贷款,而且会阻碍贸易活动。因此,外贸代理企业应高度重视信用风险管理,结合自身实际情况提高信用度。

一是政府应充分发挥自身的引导职能,构建完善的法律体系。目前,我国外贸代理行业要遵循的法律主要是《中华人民共和国民法典》和《中华人民共和国对外贸易法》。但是,外贸代理业务中的特殊规则和要求不能被完全覆盖。如果要提升外贸代理制度的合理性和可操作性,还要结合实际情况,建立完善的法律体系,规范各种外贸代理行为,同时提高外贸企业的信誉,保证外贸代理工作的合理性和合法性。

二是政府有关部门应定期收集外贸代理企业经营情况,准确掌握企业信息,并根据各企业的经营情况,做好信用等级评估,构建相应的代理业务传导体系,由此可避免不必要的风险,促进整个行业的发展。

第二,针对委托方信用风险,应提前对客户的信用进行调查。在与委托方签订进出口代理合同前,特别是新建立合作关系的,外贸代理企业可以要求其提供近期的财务报表,最好是经外部注册会计师审计的年度财务报告。必要时,应委托信用调查机构对委托方进行信用调查。

(三)加强合同风险管理

在开展外贸代理活动时,外贸代理企业需要与委托方签订相应的合同。如果没有对合同进行相应管理,合同风险难免会出现。外贸代理企业应设置专门的法务部门,对进出口合同、代理进出口合同、仓储合同、质押协议、担保合同以及信用证条款是否完整、合法、有效,是否存在漏洞、陷阱等进行审查,对每票代理进出口业务都要进行相应审批,由风控委员会层层审核把关,这可以在一定程度上避免合同风险。并且,基于外贸代理企业的特殊性,要加强企业经营管理,企业的各种印章,如公章、普通印章等需要安排专业人员进行管理,印章的使用需要经过上级部门批准,以防止因误用印章而引起不必要的合同纠纷。此外,随着信息化水平的不断提高,外贸代理企业还可以利用信息技术开展各种贸易活动,通过建设完善的信息系统对各种经营活动进行监督。要不断提高外贸代理企业的风险管理水平,增强核心竞争力,从而促进其稳定发展。

(四)加强财务风险管理

第一,建立财务风险评估机制。在进行外贸代理业务决策时,既要评估未来收益,也要认真分析风险因素。对外贸代理业务的政策风险、法律风险、现金流风险做综合评估判断,必须从信用调查行业的进出口授权机构对物流环节的报关、货运代理、供应商的供货能力、进出口业务的资金流等进行全方位的检查,确保进出口业务发货人的真实性。对违规代理业务可能产生的出口骗税行为应保持高度警惕。[①]

第二,经营合法外贸代理业务,放弃违规代理。合法代理出口,是指外贸代理企业作为授权代表机构,与委托方签订出口代理协议,委托方与外商签订货物出口销售合同。外贸代理企业不是实际购买收货人产品的一方,只提供出口代理服务,收取代理服务费。外贸代理企业应加强企业风险防范,严格遵守国家法律法规,不触碰法律红线,充分认识违规代理业务带来的巨大财务风险,不能为了微薄的代理费而不顾企业的生存,要彻底放弃违规代理业务。

第三,不断提高服务意识,建立现代外贸服务企业。大中型外贸代理企业可以利用人才管理等方面的优势,建立新的代理服务平台,为广大小型外贸代理企业提供商检、海关、税务等综合服务,以及单证和退税等业务外包服务,与各业务委托方签订外包协议。由于代理业务范围的扩大、一站式服务的出现,代理服务收入将明显提高。此外,外包代理企业不承担相应的违规经营风险。

第四,积极申请成为外贸综合服务企业。在最新税法规定的框架内提供代理服务,使原来违规的代理业务合法化。外贸代理企业应加强风险控制,严格审查生产企业的经营和生产能力,确保申报出口退(免)税的货物在国内采购和出口环节的真实性。

案例2-1　X公司与E公司代理合同纠纷案

【案例简介】

2008年7月,X公司与E公司签订《货物出口代理合同》,委托E公司出口货物。2008年8月20日,X公司致函E公司称:有两批货物经与客户协商后改为空运,指定货运代理为M公司,运费由X公司直接支付,请代为办理相关空运出口手续。2008年9月12日,E公司向M公司的上海办事处传真了一份出口货物明细单。该明细单载明托运人为E公司,收货人为ERREGIESSE S.R.L.,上海空运到米兰,男士夹克,56纸箱,运费预付,请联系订16日航班,空运费发票抬头为X公司。同日,E公司传真确认了M公司发来的运费报价每公斤人民币36元。M公司委托D公司收货并订舱。E公司传真给M公司,

---

同意以仓库实际测量的体积为准走货。D公司安排由意大利航空公司于2008年9月16日 AZ9071 航班承运上述货物。意大利航空公司的空运单号为055-56086590。该运单上的托运人为 M 公司上海办事处,收货人为 MAIMEX S. R. L. ,运费预付。E公司签发号码为 SHAM18062 的空运单(分运单)。分运单上载明的托运人为 M 公司,收货人为 ERREGIESSE S. R. L. ,2008年9月16日 AZ9071 航班,体积为 10.14CBM,收费重量为 1690 公斤,运费预付。该批货物的海关出口货物报关单上经营单位和发货单位均为 E 公司,出口收汇核销单上的出口单位也是 E 公司。2008年9月,D公司按照 M 公司的指示开具了付款单位为 X 公司的国际货物运输业专用发票,金额为人民币 60840 元。E公司收到发票后,交给了 X 公司。X 公司收到发票后向 E 公司表示会尽快支付运费,但是一直未支付。2008年12月5日,M 公司向 D 公司支付了该笔运费。2008年12月16日,M 公司给付 E 公司该批货物的出口收汇核销单和出口货物报关单。此后,E公司向 M 公司上海办事处出具了一份确认书,内容为:E 公司于2008年9月起至10月止受 X 公司委托,委托 M 公司出口意大利米兰,收货人 ERREGIESSE S. R. L. ,由此产生运费人民币 539275 元(详见清单),现尚欠人民币 539275 元。清单中其中一笔为主单号码 055-56086590、分单号码 SHAM18062,运费人民币 60840 元。

【法律评析】

本案系一起货运代理纠纷。E公司以出具出口货物明细单的方式委托 M 公司办理空运货物事宜,并传真确认 M 公司发来的运费报价。M 公司接受委托办理货运事宜并出具了分运单。双方的货运代理关系成立。分运单上载明了运费预付。M 公司已向另一货代(D 公司)支付了运费,有权向托运人收取垫付的运输费用。关于 E 公司辩称的实际托运人问题,本案 E 公司发出的出口货物明细单中注明了运费发票抬头为 X 公司,据此认为其在订立合同时已告知 M 公司 X 公司是实际的托运人,故应由 X 公司支付运费。M 公司认为,发票抬头开为 X 公司,是 E 公司的一个委托事项,发票抬头与实际付款人不一致在货运代理界非常普遍。原审法院认为,本案出口货物明细单上的托运人是 E 公司,E 公司与 M 公司联系运输事宜,确认运费、重量等,分运单的托运人为 E 公司,货物发票、装箱单、海关报关单也均显示 E 公司为货主。此后,M 公司向 E 公司催讨运费,并由 E 公司出具了欠运费确认书。因此,仅凭发票抬头而否定 E 公司的托运人身份和双方的合同关系,有悖商法对交易安全、效率的维护。尽管 X 公司和 E 公司有代理出口合同以及 X 公司给 E 公司作出的运费支付承诺,但是对于 M 公司均不产生效力。原审法院判决 E 公司在本判决生效后十日内给付 M 公司 SHAM18062 运单项下的费用人民币 60840 元。

二审维持原判。

第三章　进出口贸易货物风险及防范措施

货物风险主要是指在合同履行过程中货物自身原因导致合同最终无法履行的风险。货物风险的产生一般不仅有货物质量等合同履行方面的因素,也有贸易壁垒等国家因素、侵犯知识产权等第三方因素。

第一节　质量风险及防范措施

货物质量条款是买卖合同的主要条款,由于国际货物买卖双方分处不同的国家(地区),货物的质量应当符合买卖双方在合同中的约定,至少也应符合买方所在地对货物质量的强制性规定(若有)。国际货物买卖合同中对货物质量的约定主要有以下三种方法:(1)凭样品确定货物质量,指交易双方约定以样品的质量作为货物的质量依据;(2)凭规格、等级确定货物质量,指交易双方约定货物的详细规格、具体指标或者用规范化的行业等级来确定货物质量;(3)凭商标或品牌确定货物质量,对于一些质量稳定、信誉良好的商品,直接用商标或品牌确定货物质量。

一、质量风险

第一,在出口贸易中,某些进口国制定的强制性标准即使未在合同中载明,亦适用于合同项下货物。欧美发达国家对于一些商品,如农产品、食品、药品、纺织品、机电产品等,制定了较高的质量、环保、安全防护和卫生等强制性标准,这些标准即使在合同中没有载明,也将强制适用。这些实际上属于进口国的技术性贸易壁垒,国内企业无法以合同没有约定为由进行抗辩。一些国内企业在未掌握进口国质量技术标准的情况下组织生产,容易导致出口产品不能达到进口国的品质要求,遭受损失。如我国山东出口到日本的生姜曾被检出夹带土壤而遭强制退运;某些农产品出口欧美时被检出铅含量超标或含有农药残留物而被强制退运。

第二，凭样品买卖中的样品存在瑕疵所导致的风险。样品的瑕疵主要包括权利瑕疵和品质瑕疵。权利瑕疵主要是指样品侵犯进口国的知识产权（详见本章第三节"知识产权风险"）；品质瑕疵主要是指卖方向买方交付的货物的品质与样品不符。由于凭样品买卖的货物多属品质难以规范化或标准化的货物，批量生产的货物品质很难做到与样品完全一致，实践中容易引发质量争议。

二、防范措施

第一，国内企业要加强对产品的精细化管理，提高产品的质量和技术含量，增强竞争力。对于非经流水线过程生产的产品，容易出现质量与一般标准不相符的情况，国内企业应在出厂前对产品质量进行严加把控；对于经流水线过程生产的产品，应当注意对生产过程的日常维护，防止过程中出现偏差，影响整个批次货物的质量。对出口产品涉及进口国质量、环保、安全防护和卫生等强制性标准的，要在签订合同前就对这些标准的具体要求有充分的了解，以便从企业现有生产技术水平角度出发综合评价履行合同的难易程度，为是否签订合同提供参考，签订合同之后也方便以这些要求为标准组织生产，防止货物交付后买方以质量不符合约定为由索赔。

第二，国内企业要加强对合同的精细化管理，注重对合同质量条款的制定与审查，防范和减少因合同约定不明而引发的质量争议。对于凭样品确定货物质量的合同，在合同签订之前封存样品（样品至少提供2件，其中1件样品用于封样）。对于凭规格、等级确定货物质量的合同，应当对相关的规格、等级作出具体约定，对标准的国别、时间、具体等级等也应作出约定。对于凭某商标或品牌确定货物质量的合同，应当约定以该商标或品牌于某年在某工厂出产的某批次产品作为货物质量参照。

第二节　商品检验风险及防范措施

商品检验是国际贸易中十分重要的环节，如果对检验时间、检验程序、检验机构、检验标准等没有约定或者约定不明，买卖双方就可能对货物是否符合约定产生争议。商品检验通常有三种方法：（1）以货物离岸时的品质、重量为准,这种做法对卖方有利;(2)以货物到岸时的品质、重量为准,这种做法对买方有利;(3)以装船之前的检验(包括在装箱前)作为初步证据(法定检验除外),货到目的港后,买方保留对货物再行检验的权利(即复验权),其检验结果作为买方是否接受货物并进行索赔的依据(排除第三方原因)。

一、商品检验风险

实践中,买卖双方对商检问题约定不明,最终酿成纠纷的情形屡见不鲜。具体情况可以分为如下两种。

第一,对检验机构约定不明。如果合同中仅笼统约定由装运港的检验机构出具的检验报告为准,但以哪个检验机构出具的检验报告(不包括法定检验情形)为准未予明确,一方面,可能导致检验报告可信度低;另一方面,可能导致发生争议后,另一方不认可检验报告,需要通过其他检验机构重新检验。

第二,对检验标准约定不明。出现此种情形主要是因为对产品质量标准约定不明,在发生质量争议后,对于采取何种检验标准无法达成共识。

二、防范措施

第一,在合同中直接约定检验机构(法定检验商品除外)。尽可能选择全球范围内具有良好信誉的商检机构,如瑞士 SGS 集团、中国检验认证集团(CCIC)等作为检验机构,并以该检验机构出具的检验报告为准。对于大额合同,可以约定由卖方选择的装船前检验机构出具的检验报告作为初步报告,由买方选择的目的港的检验机构出具的检验报告作为比对报告,如果两份报告误差在一定的百分比之内,则约定其中一份报告作为最终报告;如果误差超过约定的百分比,则由双方共同约定的第三方检验机构检验,并以该报告作为最终报告。

第二,合理选择检验时间。国内企业在出口贸易中,要尽可能约定在国内装运港检验,便于了解检验的进度和结果,一旦检验发现质量、数量问题,也能及时采取补救措施(如换货、补足数量、协商降价等),避免货到目的港后被外商拒收、索赔,并可能产生退运费、滞港费、滞箱费等费用。在进口贸易中,要尽可能约定在国内目的港检验,也要注意检验应当在约定的索赔期内进行,[①]这样既能及时了解检验结果,也能在发现质量问题或数量短缺时,及

---

① 　高绍堂:《对外贸易商品检验条款和索赔的探讨》,《现代商业》2014 年第 6 期。

时确定原因。

第三节 知识产权风险及防范措施

知识产权（intellectual property），系指对智力创造包括发明、文学和艺术作品、商业中使用的标志、名称、图像以及外观设计所拥有的权利。根据《与贸易有关的知识产权协议》，知识产权主要包括：版权与邻接权、商标权、地理标志权、工业产品外观设计权、专利权、集成电路布图设计权、未披露过的信息专有权等。

一、知识产权风险

根据近年来发生的案件分析，国内企业在进出口贸易中遇到的知识产权侵权风险主要有以下几种。

第一，知识产权的地域风险。由于知识产权存在地域性，同样的商标在一国合法注册，在另一国可能会被他人抢注。在出口贸易中，一些国内企业对出口产品在销售国的知识产权状况未进行详细调查和分析，造成出口产品被销售国认定为侵权的情况时有发生，损害国内企业的信誉和形象，影响销售。如我国的"同仁堂""大宝"等商标在日本和东南亚国家被他人抢先注册，导致正牌产品进入这些市场反而会被控侵权；浙江温州出口欧洲的一些低压电器也多次因涉嫌侵犯销售国的专利权而被起诉。此外，国内企业进口外商产品时，可能虽然外商在国外是该产品知识产权的合法权利人，但该知识产权在国内已被他人注册，此时涉嫌侵权货物可能面临权利人请求海关扣留的风险。国内企业也可能会在进口后面临该知识产权的权利人索赔的风险。《中华人民共和国知识产权海关保护条例》第十二条规定："知识产权权利人发现侵权嫌疑货物即将进出口的，可以向货物进出境地海关提出扣留侵权嫌疑货物的申请。"

第二，定牌加工贸易中侵犯知识产权的风险。在定牌加工贸易中，国内企业为获得订单，可能存在忽视审查委托方是否拥有合法的商标权、专利权等知识产权的情况，容易引发侵权风险。

第三，进口贸易中侵犯国内权利人知识产权的风险。进口产品涉及使用我国境内已经申请的专利技术的，如事先未得到权利人许可，可能存在侵犯国内专利权人（包括专利所有权人和独占许可的使用权人）合法权益的风险。

二、防范措施

第一，国内企业增强自身的知识产权权利意识，注重自我保护。国内企业一方面要拥有国内自主知识产权；另一方面，对已在国内取得的专利权、商标权，应通过国际申请和域外注册等途径，尽早在销售国取得相应知识产权，避免被他人抢注产生侵权风险。

第二，积极消除商品在销售国的侵权隐患。国内企业开展出口贸易，应进行出口前的知识产权调查，了解出口商品涉及的专利权、商标权等在销售国的保护情况，及时采取相关措施，避免侵权。国内企业亦可采取直接购买或受让相关知识产权、直接取得合法授权、交叉授权等方式避免侵权风险。如我国海信集团在其英文商标"Hisense"被德国博世西门子公司在德国抢注后，通过和解方式取回了商标权，为进军国际市场扫除了障碍。在出口产品被控侵权时，国内企业也应积极应对，加强与国外权利人的协商协调，避免永久丢失市场。如浙江省一些低压电器生产企业的出口产品被控侵权后，通过修改产品、更换专利或者从专利权人处取得授权等方式，避免了侵权事件再次发生，也成功保住了出口市场。

第三，加强对定牌加工贸易的知识产权审查。商标权作为知识产权，具有地域性。对于没有在中国注册的商标，即使其在外国获得注册，在中国也不享有专用权，不能因为定牌加工的商品不在国内市场销售即认为不侵犯国内商标权人的权利。与之相应，中国境内的民事主体获得的所谓"商标使用授权"，也不属于《中华人民共和国商标法》保护的商标合法权利，不能作为不侵犯商标权的抗辩事由。定牌加工贸易中，在不涉嫌侵犯国内商标权的情形下，国内企业在接受订单前应认真审查外商的资质和信誉度，重点审查其是否在销售国拥有该加工产品的知识产权。根据具体情形，可要求外商提供经公证认证的权利证明，或者通过境外官方网站进行查询，必要时可以向权利人核实。

第四，严格遵守合同约定，落实保守商业秘密要求。企业应根据合同要求与有权接触客户商业秘密的供应商、分包商、母公司、子公司等相关人员签订保密协议，发现存在客户商业秘密被泄露的事实后，应根据合同约定及时告知客户，并根据客户要求采取相应补救措施，避免损失扩大或承担更严重的违约责任。

第五，避免进口产品侵犯国内知识产权。签订进口合同之前，应首先核实相关产品是否涉嫌侵犯国内知识产权，要求外商提供相关知识产权证书、权利许可文件。

第四节 贸易救济调查风险及防范措施

贸易救济调查包括反倾销、反补贴、保障措施调查，以及反规避调查等。

倾销是指一产品自一国出口至另一国的出口价格低于在正常贸易过程中出口国供消费的同类产品的可比价格，即以低于正常价值的价格进入另一国的商业。①

补贴是指在一WTO成员关税区内，存在由政府或任何公共机构提供的财政资助，而因此授予一项利益。②

保障措施指进口至一WTO成员关税区的一产品的数量与国内生产相比绝对或相对增加，且对生产同类或直接竞争产品的国内产业造成严重损害或严重损害威胁，该成员可对该产品实施保障措施。③

一、贸易救济调查风险

作为新兴的工业和贸易大国，我国已经成为遭受"双反"（反倾销、反补贴）调查最多的国家。"双反"调查已成为国内企业开拓国际市场的拦路虎，且调查涉及的行业几乎覆盖我国所有出口优势产业，涉案金额较高。某产业一旦遭受调查，对该产业及其上下游产业的企业生产造成的打击往往是致命的。根据中国贸易救济信息网，仅2019年，就有针对我国的468起案件被立案，并且被认定的倾销率较高，导致课征的反倾销税也数额庞大。2019年10月18日，美国商务部宣布对进口自中国的床垫作出反倾销终裁，核定征收单独税率的36家企业的反倾销税率为162.76%，而对名单之外的其他企业更是统一征收高达1731.75%的反倾销税。2018年，中国超过50%的出口床垫是出口到美国，总值超过10亿美元，而随着反倾销调查的开始与最终课税标准的确定，知名床垫品牌梦百合的董事长倪张根也遗憾地表示，美国的反倾销政策为中

---

① 参见《关于实施1994年关税与贸易总协定第6条的协定》第2.1条。
② 参见《补贴与反补贴措施协议》第1.1条。
③ 参见《保障措施协议》第二条第一款。

国制造床垫赴美的"高峰期"画上了休止符。[1]

究其原因,第一,外国为保护本国相关产业的发展,限制我国企业进入其国内市场。发达国家的贸易保护主义在国际金融危机的作用下愈演愈烈,因此作为贸易保护主义主要表现形式的"双反",其调查范围不断加大,数额不断攀升。据统计,2018年1—11月,我国产品共遭遇来自28个国家和地区发起的101起贸易救济调查,其中反倾销57起,反补贴29起,涉案金额总计324亿美元,与上年同期相比案件的数量和金额分别增长了38%和108%。调查显示,如今一些发展中国家针对我国进行的"双反"调查的数量也呈现上升趋势,特别是印度,现已成为除美国外对我国产品发起贸易救济调查数量最多的国家。当中国产品出口到国外市场的数量迅速增加时,无论进口国是发达国家还是发展中国家,其表现都是相似的,都会发起较多的反倾销调查甚至提起反倾销诉讼。但是进口国是发展中国家的,其发起的反倾销诉讼与进口数量之间并不成正比,发展中国家在没有受到进口产品激增的压力时也有可能会发起更多的反倾销诉讼,因此全球对华反倾销诉讼与从中国的进口渗透度并未形成如理论预期中的正相关关系。[2] 这种现象的产生与中国产品的强大价格竞争力与规模化生产给别国带来的巨大压力不无关系,特别是市场规模较小的发展中国家,为了抵御中国商品对市场份额的抢占,出于自我保护的心态发起了对中国企业的反倾销调查。此外,反补贴措施具有很强的连锁效应,倾销只针对特定进口国市场,但补贴却是直接给予出口商以增强其在所有进口国市场的竞争力。[3] 所以一国对我国出口商发起的反补贴措施很可能、也很容易被其他国家效仿和援引,阻碍我国产品的出口。

第二,国内中小微企业之间的低价非理性竞争。由于国内仍未完全摆脱依靠出口数量拉动经济增长的局面,因此在当前世界经济增长速度放慢、外需下滑、压力增大的情形下,许多国内企业通过不断降低利润来尽可能满足外商的需求,进一步加剧了低价竞争,引发"双反"调查风险。"双反"调查不仅使出

---

[1] 家居情报站:《反倾销裁定后记:162.76%税率重压,国内床垫行业格局重塑》,http://cacs. mofcom. gov. cn/article/flfwpt/stld/ysdt/201911/161317. html,最后访问时间:2020年3月11日。

[2] 王沛、宋风波:《国际贸易中遭遇反倾销调查的法律思考》,《河北经贸大学学报》2015年第2期。

[3] 黄鑫:《中小企业反补贴贸易摩擦中的政、企、社联合应对》,《湖南社会科学》2012年第3期。

口受阻,而且反倾销、反补贴案件从立案、调查到终裁,历时较长,严重阻碍了出口企业的发展。如果国内企业被调查,并确认存在倾销或收受补贴的情形,则出口产品会因为被征收反倾销税或反补贴税而丧失价格优势,且 WTO 的《反倾销协议》中规定可以征收长达五年的反倾销税。① 这会大大降低国内企业在国际市场中的竞争力,原先以低价抢占市场份额的优势被削弱,甚至会失去国际市场。

有些企业虽然已经意识到外国政府可能发起"双反"调查,但法律意识淡薄与能力欠缺,并未依法、合理地进行规避。例如某水产公司曾为规避美国的反倾销调查,违反法律的禁止性规定,与另一公司签订委托加工合同,但实际并未进行深加工而只更换了外包装,伪造了巴沙鱼的原产地后再行出口到美国,后被美方发现并展开了反倾销调查,还被国外媒体大肆报道,损害了企业的商誉与我国在外贸出口中的形象。②

二、防范措施

尽管《中华人民共和国加入世界贸易组织议定书》第十五条(a)项(ii)目(如受调查的生产者不能明确证明生产该同类产品的产业在制造、生产和销售该产品方面具备市场经济条件,则该 WTO 进口成员可使用不依据与中国国内价格或成本进行严格比较的方法)应在中国加入 WTO 15 年后终止,③但目前仍有部分 WTO 成员(如美国、欧盟等)在反倾销、反补贴调查中适用不与中国国内价格或成本进行严格比较的方法,导致国内企业在应诉时就处于不利地位。由于目前 WTO 上诉机构已经只剩一名法官,从法律程序角度看,WTO 争端解决机制已经无法有效运转,我国通过 WTO 解决该问题的可能性不大,只能通过双边途径。而在该问题解决前,我国企业在应诉时的不利地位短时间内不会扭转,只能尽可能从自身角度最大限度防范贸易救济调查风险。

第一,国内企业的原材料采购、银行贷款尽可能全球化、多元化,降低被采用可比价格的风险。

第二,国内企业在谈判长期合同时要考虑将进口国发起反倾销、反补贴、保障措施调查作为解除合同的条件,或明确不承担在进口国产生的所有税费。

---

① 《关于实施 1994 年关税与贸易总协定第 6 条的协定》第 11.3 条。
② 江苏省高级人民法院(2016)苏民终 529 号民事判决书。
③ 参见《中华人民共和国加入世界贸易组织议定书》第十五条(d)项。

在具体订单操作中尽可能不采用由出口方承担进口税费的贸易术语,避免被动承担反倾销税、反补贴税。

第三,国内企业应积极应诉,避免调查机关基于"可获得的事实"作出裁决,并充分利用调查国的国内法规定的司法救济程序。①

第四,具备申请资格的国内企业、行业要依法积极申请商务部发起反倾销、反补贴、保障措施调查,对其他 WTO 成员滥用贸易救济措施的行为进行反制或制衡,维护公平竞争的市场环境。②

第五,在向境外转移产能以避免其他 WTO 成员采取贸易救济措施之前,既要从商务角度考虑,亦要从法律角度充分考虑,此种产能转移能否改变原产地,并且需要避免被认定为规避贸易救济措施的行为。

国内企业在面对愈演愈烈的"双反"调查时,应当注重提高竞争力,不仅要提高企业自身和所处行业的市场竞争力,还要提高以法律意识为主的企业软实力。

国内企业要注重提升自身的综合竞争力,形成以产品质量、技术创新、品牌效益等因素为导向的竞争新优势,减少出口产品对低价格的依赖。企业要改变依靠低价格、低劳动力成本竞争的格局,走品牌化道路,朝深加工、高附加值方向发展,打造国际品牌以吸引买家,降低产品的可替代性、可模仿性,实现企业对外贸易活动从"规模导向型"到"效益导向型"的转变。国内企业还要提高自主研发能力,增强知识产权意识,做好知识产权的开发、管理和保护工作,创造对外贸易竞争优势的新增长点。

国内企业应当注意避免出现同行业恶性低价竞争现象,因为这既会降低单位产品利润,又会因为竞争对手众多而仅挤占到微小的市场份额,形成"薄利未必多销"的不利局面,极低的售价也会成为外商开展"双反"调查的借口。此外,国内企业要发挥行业的议价能力,通过参加行业协会等方式参与国际贸易竞争,提高整体的对外谈判竞价实力。如 2001 年的温州打火机倾销案中,在欧盟发起对打火机企业的反倾销调查后,共有 15 家企业联手向欧盟提出了"产业无损害抗辩",强调中国商品不仅不会对欧盟经济造成任何损害,反而会给欧盟的进口商带来极大利益,最终欧盟宣布中国打火机企业的申请全部

---

① 参见《关于实施 1994 年关税与贸易总协定第 6 条的协定》第 6.8 条。
② 参见《补贴与反补贴措施协议》第 13.7 条。

通过。①

国内企业要增强守法意识。在对外贸易活动中,企业应当以合法的形式规避"双反"调查,在贸易活动开展的过程中聘请专业的律师团队进行合规审查,尽可能降低被调查的风险。企业不应存有侥幸心理,妄图通过伪造包装、贿赂检查机关等手段躲避查处。一旦被查处,不仅会使外商向企业索赔,企业的财产及业内声誉受损,还会影响我国的国际形象,使外国政府有理由加大对我国进行"双反"调查的力度,导致国内企业的对外贸易活动受到更多限制。

国内企业要提高诉讼对抗的意识与能力。一方面,国内企业不能害怕诉讼,要勇敢地用诉讼为自己争取利益,通过各种方式积极应对反倾销诉讼;不能因为不熟悉反倾销诉讼程序,轻易放弃应诉抗辩的权利,丢失国际市场。另一方面,国内企业还应当聘请具有涉外法律知识的人才作为法务人员或是专门聘请律师。此前,我国许多企业由于不了解 WTO 规则和外国法律,在面对"双反"调查时难以应付自如。从近年来的实践看,国内相关企业通过聘请国内外律师团队成功应对"双反"调查的已不在少数,如在欧盟对华草甘膦、橘子罐头、熨衣板、鞋类等反倾销案件中,相关国内企业分别将欧盟委员会诉至欧盟法院并获得胜诉。又如在美国对华接地故障断路器"337 调查"案中,国内企业也通过诉讼推翻了一些不利的裁决。

案例 3-1 常熟 R 公司与澳大利亚 X 公司国际货物买卖纠纷案

【案例简介】

R 公司于 2012 年 10 月 30 日将所生产的锆管海运发货,运抵澳大利亚由 X 公司收货后,转售给其客户 S 公司,X 公司于 2012 年年底收到第一批锆管时没有自行检测。2013 年 2 月 12 日 S 公司告知 X 公司有 60 根锆管不合格,X 公司随即通知了 R 公司,同年 5 月 R 公司重新发货。2013 年 5 月 10 日 S 公司将锆管安装到位后,发现锆管出现开裂,此时才委托检验机构进行检验。检验机构于 2013 年 6 月 12 日出具了《冶金不合格调查报告》,R 公司也确认于 2013 年 6 月 26 日收到了该调查报告。

本案的争议焦点在于是否能认定案涉锆管存在质量问题以及 R 公司是否应对锆管质量问题负责。

法院认为,《冶金不合格调查报告》载明:根据 ASTMB523-R60702 标准,

---

① 朱小史:《温州打火机火头旺 入世后打赢欧盟反倾销第一案》,http://news.sina.com.cn/c/2003-09-16/1441762469s.shtml,最后访问日期:2019 年 11 月 14 日。

检测的锆管存在尺寸超出公差范围、管子内部呈现纵向或横向缺陷、锆及铪比建议最小值小、不符合火焰测试要求等问题。上述质量问题包括尺寸规格方面的表面瑕疵,以及成分构成方面的内在瑕疵。对于内在瑕疵,显然只能在投入使用以后或者经专业检测才能发现。而综观上述履行过程,虽然 X 公司在收到第一批锆管后未自行检测,但考虑到案涉订单有关"每个管热材料 300 mm 样品供货状态需发往我方(即 X 公司)客户确认"的约定,X 公司经其客户 S 公司告知锆管不合格后,随即通知了 R 公司,故 X 公司提出质量异议的时间并不构成迟延。尤其是检测机构于 2013 年 6 月 12 日出具《冶金不合格调查报告》后,X 公司于同年 6 月 26 日通知 R 公司,要求替换全部锆管。对此,R 公司并未提出异议,而是通过协商与 X 公司达成共识,就第一批锆管进行更换,由此表明 R 公司接受了 X 公司提出的质量异议。因此,R 公司再审申请主张第一批锆管应视为质量合格,与 R 公司同意更换第一批锆管的履行行为相矛盾,其主张无事实依据,应予驳回。

【法律评析】

本案对于实务的指导意义在于,在进口商提出货物质量异议后,出口商对货物即时的未经检验的更换会被认为是对质量异议的接受,则其之后对货物质量合格的主张将得不到法院的支持。因此,我国企业在货物出口时应当审慎对待进口商提出的质量异议,不应为了想促使交易顺利进行或维持企业诚实守信的良好形象便立即发出货物进行更换,而应在经检验确认存在质量瑕疵后再同意更换货物。

案例 3-2　日本 B 公司与重庆 H 公司侵害商标权纠纷案

【案例简介】

日本 B 公司是一家专业生产摩托车等产品的大型跨国企业,于 1988 年先后在中国获得可核定在摩托车上使用的 314940 号、1198975 号以及 503699 号注册商标,且商标专用权期限经续展最早于 2018 年到期。2016 年 6 月 30 日,昆明海关向 B 公司发出通知,昆明海关下属的瑞丽海关查获申报出口缅甸的一批摩托车上商标标识为"HONDAKIT",可能涉嫌侵犯 B 公司的知识产权。经查该批货物系缅甸 M 公司授权委托重庆 S 集团加工生产。H 公司,是 S 集团的一家子公司,两家公司的法定代表人相同。S 集团在其生产和销售的涉案摩托车头罩、发动机盖、左右两边的风挡、铭牌上使用"HONDAKIT"文字及图形,并且突出增大"HONDA"的文字部分,缩小"KIT"的文字部分。2016 年 9 月 13 日,B 公司向法院提起诉讼,要求 S 集团与 H 公司承担侵害商标权的赔偿责任。

　　该案经过一审对原告诉讼请求的支持以及二审的撤销原判,驳回原告诉讼请求,原告最终向最高人民法院申请了再审。最高人民法院认为:首先,被诉侵权行为属于涉外定牌加工。其次,法院认为 S 集团与 H 公司的行为构成了商标使用行为,原因在于只要在生产制造或加工的产品上使用了商标,具备了区别商品来源的可能性,就应当认定使用状态属于商标法意义上的"商标的使用"。最后,商标侵权行为的归责原则为无过错责任原则,不以造成实际损害为侵权构成要件,不要求相关公众一定实际接触到被诉侵权商品,也并不要求混淆的事实确定发生。S 集团与 H 公司的行为构成了在同一种商品上使用与注册商标相近的商标,而且虽然被告辩称涉案产品只是在中国境内加工,最终销售地是 B 公司并无相应商标专用权的缅甸,但是因为产品还需经过运输等多个环节,存在这些环节中的经营者接触商标的可能,商标也可能随着电子商务网络回流国内市场,加之到缅甸旅游和消费的中国消费者也存在接触到涉案摩托车的可能,本案中的贴牌加工行为在涉案商标的权利请求地中也完全存在被消费者混淆的可能。综合上述分析,最高人民法院最终认定 S 集团与 H 公司构成侵权。

【法律评析】

　　我国企业如今承接定牌加工订单的不在少数,但是在承接前应当首先明确交易对方在我国与销售国内对该商标都有合法有效的商标权利。从本案中可以看出,法院在对待可能接触商标的消费者时所采的范围比较宽泛,不仅包括一般意义上的进口国国民,还将加工完成后的运输环节的经营者也包括在内,甚至考虑到了电商回流以及境外旅游等原因而接触的可能情况。这一标准对于企业来说确实略显苛刻,但是也传递出了我国司法对于知识产权保护的重视与同国际标准接轨的努力。因此,国内企业在交易开始前应先确认国内外的知识产权归属问题,及时防范风险。

第四章　进出口贸易运输风险及防范措施

国际贸易中最重要的两个环节是货物的交接和货款的支付。对于货物交接而言，随着国际分工的不断发展，买卖双方自行负责运输或者直接交接货物的情况越来越少，通常都是委托第三方机构负责运输和代为交接。因此，运输是国际贸易中必不可少的重要环节。由于国际运输存在线路长、环节多、时间性强、情况复杂等特点，因此存在较大风险。本章所指的运输风险主要是指货物在运输过程中遭受的损坏、灭失或者失控等不安全因素和风险。

第一节　运输方式和价格术语风险及防范措施

运输是实现进出口货物从一国运送到另一国的物流活动，包括海洋运输、铁路运输、公路运输、航空运输、管道运输以及由各种方式组合而成的国际多式联运等。

海洋运输是以船舶为主要运载工具的运输方式，优点是运输量大、费用成本低、载货适应性强，但是运输时间较长、海上风险较大。在国际货物运输中，最常见和运用最广泛的就是海洋运输，目前海洋运输的货物量占国际货物运输总量的80%以上，占我国出口货物总量的90%以上。海洋运输一般分为班轮运输和租船运输。班轮运输是指船舶在固定的多个港口之间，按照固定的航线和固定的船期进行运输，并按事先公布的相对固定的费率收取运费；租船运输是指承租人租赁船舶或者船舶的部分舱位装运约定的货物，或者在约定的一段期间内租赁船舶运送货物。

铁路运输的优点是速度快、货运量大、成本较低、受自然环境因素影响小，但是跨境运输会导致中转麻烦，比如我国到欧洲的中欧班列需要分别在哈萨克斯坦、波兰换轨；"义新欧"中欧班列（义乌—马德里）还需在法国与西班牙交界的伊伦进行第三次换轨。这其中的主要原因在于各国铁路的轨距不同，无法直接连通。

公路运输的优点是可以直接提供门到门的服务,但易受政策、道路、地理环境等条件的限制,运输成本较高,运输量也受到较大限制,一般仅限于相邻国家之间的运输。

航空运输的优点是运输快捷,对货物的包装要求较低,但是运输成本最高,而且对于货物的体积和重量限制较多,一般用于运输易碎物品和贵重物品。

管道运输是主要用于运输石油、天然气的一种运输方式,其优点是运输能力强,不受天气因素干扰,但是前期投资成本高、建设时间长、功能较为单一。

多式联运是一种联合运输方式,比如海空联运、海陆联运、空陆联运等。尤其是集装箱运输单元的出现,使得不同的运输方式可以有机组合在一起,构成连续的综合性的一体化运输方式。

一、运输方式和价格术语风险

第一,运输方式和交货条件风险。国际贸易中买卖双方既要考虑货物类别、交货期限,也要考虑运输的风险和责任,还要核算运输的价格和成本。

第二,运输迟延风险。市场经济条件下,商品的价格和认可度瞬息万变,货物交付的及时性对于进出口贸易而言至关重要。尤其是一些季节性非常强的商品,如圣诞节礼物等,一旦因运输问题迟延到港交付收货人,可能导致其失去商业价值。又如国家总统选举期间的各候选人的标语、旗帜、卡通头像等,在选举结束后亦将失去价值,因此必须及时送达并交付收货人。

第三,损坏、灭失风险。在运输过程中,火灾、偷窃、下雨、渗漏、破碎、受潮、受热、霉变、串味、钩损、生锈、碰损等因素,都可能造成货物灭失或者损坏。上述货损的主要原因在于承运人在装载、搬运、积载、运输、保管、照料和卸载过程中存在管理不当的过失。货物在运输过程中发生损坏或者灭失,虽然可以向承运人索赔,但承运人承担的可能是不完全过失责任,例如海运中承运人对于火灾、天灾、意外事故、管船过失等原因导致的损失可以免除赔偿责任,托运人和收货人只能自己承担损失。而且,无论是航空运输、铁路运输还是海洋运输,承运人一般都可以享受赔偿责任限制,这种责任限制的功能就在于保护承运人,将承运人的赔偿责任限制在一定的范围内。故发生货损时,托运人和收货人往往无法获得足额赔偿。

二、防范措施

第一,明确约定买卖双方对运输风险的承担。在进出口贸易合同中,双方应对运输风险的责任承担事先进行约定。实践中贸易双方可通过选择贸易术语的方式来确定运输风险、责任、费用划分等。国际商会(International Chamber of Commerce,简称 ICC)编写的《国际贸易术语解释通则》(International Rules for the Interpretation of Trade Terms,简称 Incoterms)中,规定了各类贸易术语来事先规范运输风险和费用的承担,可作为指导并保障全球贸易有序进行的通用准则。1936 年,Incoterms 首次发布后,又分别于 1953 年、1967 年、1976 年、1980 年、1990 年、2000 年、2010 年、2020 年进行了补充和修订,以便这些规则更好地适应国际贸易实践。目前最新的版本是 2020 年 1 月 1 日生效的 Incoterms 2020,但应用较多的仍是 Incoterms 2010。

Incoterms 2020 按照所适用的运输方式将贸易术语分为两类,即适用于任何运输方式的术语和只适用于水上运输方式的术语,具体如表 4-1 所示。

表 4-1　Incoterms 2020 的分类

类　型	术语缩写	术语英文名称	术语中文名称
适用于任何运输方式的术语	EXW	Ex Works	工厂交货
	FCA	Free Carrier	货交承运人
	CPT	Carriage Paid to	运费付至指定目的地
	CIP	Carriage and Insurance Paid to	运费、保费付至指定目的地
	DAP	Delivered at Place	目的地交货
	DPU	Delivered at Place Unload	目的地交货并卸货
	DDP	Delivered Duty Paid	完税后交货
只适用于水上运输方式的术语	FAS	Free Alongside Ship	装运港船边交货
	FOB	Free on Board	装运港船上交货
	CFR	Cost and Freight	成本加运费
	CIF	Cost Insurance and Freight	成本加运费加保费

第二,通过货物运输保险转移风险。货物运输保险分为基本险和附加险,基本险是可以独立承保的险别,包括平安险、水渍险、一切险;附加险是对基本险的扩充,不能单独投保,只能在投保基本险的基础上加保,包括一般附加险和特别附加险,如雨淋险、短量险、舱面险、战争险等。在选择运输保险时,既

要保证受损货物得到充分的经济补偿,又要考虑节省保险费用。如在 FOB、CFR 条件下成交,货物价格中不含保险费,故由买方负责购买保险,此时买方应尽量以既安全又节约为原则;如在 CIF 条件下成交,货物价格中已经包含了保险费,即由卖方负责购买保险,此时卖方强调节约原则而买方则强调安全原则,因此双方需要在合同中明确约定投保的险别。此外,在投保时也要充分考虑货物的性质和包装特点,选择最适合于交易货物的险别。

第二节 货运代理人风险及防范措施

由于海运业在国际运输中的特殊地位以及专业性强的特点,出现了大量本身没有货物或船舶,而代办或代理本来应由出口方或者船公司自行办理的业务为经营业务的货运代理业或船舶代理业,以及以促成订舱、租船或买卖船舶交易和代为洽谈生意为主要业务的经纪人。随着海运分工的精细化,贸易方往往通过货运代理人或经纪人订舱、租船运输。

国际货运代理业是指接受进出口货物收货人、发货人和其他委托方或其代理人的委托,以委托人名义或者自己的名义,组织、办理国际货物运输及相关业务,提供国际货物流通领域的物流增值服务的行业。国际货运代理业被称为"国际运输的组织者和设计师",是连接贸易与运输的纽带和桥梁。不容忽视的是,现阶段我国货运代理市场鱼龙混杂,无序竞争和发展失衡问题比较突出,非法从事货运代理业的企业和个人屡禁不止。

一、货运代理人风险

第一,货运代理人选择风险。货代市场准入门槛较低,参与主体良莠不齐。由于货代行业对于资金和技术的要求不高,一部电话、一台传真、几台电脑就可以承接业务,不少小的货代公司采取挂靠、承包、借用公章、发票等方式开展业务,业务不专业、经营不规范,因此,导致纠纷频繁。

第二,"赊销"交易模式风险。货代实践中,通常是货运代理人先行垫付海运费、报关费、拖卡费、理货费、单证费等相关费用,双方约定 30—60 天的还款期。一方面,货运代理人面临能否按期收回账款的风险,特别是如果出口方的应收款结算出现问题,就会影响其偿付能力。另一方面,如果出口方拖欠费用,货运代理人往往以扣押提单、外汇核销单等单证要挟,要求其尽快支付费用,否则会影响出口货物的顺利交付,容易产生纠纷。

第三,进口方指定货运代理人风险。囿于国内企业在对外贸易中所处的劣势地位,目前出口仍然较多使用 FOB 贸易术语,并由进口方指定货运代理人。一些不合格的货运代理人或因不懂业务知识,或因与进口方勾结牟利,往往只听从进口方的指示,直接对其负责,忽视国内出口企业的利益。

第四,货运代理人超范围经营风险。一些货运代理人为了赚取运费差价,一方面,自行持有海运承运人签发的提单;另一方面,又以自己的名义向客户签发货代提单,这样容易导致收货人持有货代提单却无法收到货物或者取得赔偿。

二、防范措施

第一,选择信誉良好的货运代理人。最好选择商务部和交通运输部正式审批或备案登记、信誉良好的货运代理人,这样可以减少风险。

第二,增强合同意识。应当事先尽可能以详细、明确的合同条款对出口方和货运代理人的主要权利义务进行规定,避免货运代理人违反合同和法律规定,将提单等单据交付给进口方。

第三,增强证据意识。要兼顾交易效率与交易安全,注意将与货运代理人的往来信函、电子邮件、手机短信、网络聊天记录等做好相应的保存和备份。

第四,要注意提单的签发人是货运代理人、无船承运人还是海运承运人,不同类型的提单导致的货物风险有所不同。在海运司法实践中,只有船舶所有人才有权请求海事责任限制,因此责任限制制度被称为"船舶所有人责任限制制度"。而货运代理人、无船承运人一般不能享受海事责任限制。

第三节 承运人风险及防范措施

一、承运人风险

第一,即便是同种运输方式,因承运人的规模、信誉、市场占有率等不同,也会存在不同的风险。如果选择了信誉不佳、运输能力不佳、管理水平不佳的承运人,导致货物出现运输延误或者运输意外,在实践中极为常见。

第二,单船公司(single ship company)风险。单船公司是指船舶所有人为每一条船设立一家公司,使得船舶经营过程中产生的风险和责任也以这条船为限。单船公司可以使船舶所有人的损失被控制在一定范围内,相当于对船舶资产进行了风险隔离。单船公司的注册地往往在英属维尔京群岛、利比里亚、巴拿马等方便旗国家,给诉讼造成很大不便。此外,船舶本身在银行可能又有大量抵押贷款,即使扣押船舶也很难追讨货款。

第三,提单抬头载明的承运人与实际签章的承运人不符。提单通常是承运人事先印制的格式单证,背面印有大量的提单条款。大的航运公司都有自己专门定制的提单格式,提单抬头印有航运公司的名称和标志。一些小的航运公司无力单独制作自己的提单,往往套用或者复制大公司的提单,仅在落款处加盖船章或由船长签名,使得贸易方极易误认承运人。

二、防范措施

第一,选择实力雄厚、信誉良好的承运人。国际货物运输过程中的风险大多与承运人的管理水平、业务实力、商业信誉等有关。选好承运人,尤其是从事海运的船公司,不仅可以避免运输迟延、货物损坏灭失等风险,节约货物装卸时间,而且基本能避免承运人与进口方合谋欺诈的风险。以海运为例,全球集装箱班轮运输市场主要有 2M、Ocean Alliance、THE Alliance 三家海运联盟。其中 2M 联盟由世界上最大的两家集装箱航运公司马士基航运(Maersk)和地中海航运(MSC)组成,Ocean Alliance 联盟由中远集运、长荣海运、东方海外和达飞轮船组成,全球前九大班轮公司都加入了三大联盟。因此,选择加入海运联盟的承运人相对而言更为可靠。

第二,明确运输合同的缔约主体,国内企业应注意检查收到的提单上所载明的承运人和合同上的是否一致。如果承运人(船舶所有人或经营人)拥有船舶或者租赁船舶进行经营,且资信情况较好,发生事故和损失后,贸易方也可以通过扣押当事船舶来保障自身的权益。因此,如有可能,最好在贸易合同中载明选择承运人签发的提单。这种约定在国际贸易合同或者信用证条款中并不鲜见。

第四节　FOB 条款的特殊风险及防范措施

国际贸易术语中的 FOB,指装运港船上交货,货物买方和卖方之间的风险和费用自货物越过船舷时发生转移。FOB 是我国目前进出口贸易中采用最多的贸易术语,占进出口总量的 80% 以上。但是对国内出口企业而言,与 CIF、CFR 相比,FOB 蕴含更大的风险。

一、FOB 条款的特殊风险

第一,运输单证取得难。出口贸易选择 FOB 的,由进口方负责租船订舱,国内出口企业按照进口方要求将货物交至指定的船上。实践中,进口方通常委托国内货运代理企业代为租船订舱,国内企业也常委托货运代理企业向承运人交付货物。按照正常流程,货运代理企业应将承运人签发的提单转交给国内出口企业。但因货运代理企业系受进口方委托,接受进口方支付的代理费,常常出现向进口方违规交付运输单证的情况,导致国内企业无法取得运输单证,结算困难。

第二,无单放货索赔难。在 FOB 条款下,国内出口企业向承运人交付货物时,承运人应当向其签发提单等运输单证,并在提单上将其列为托运人。实践中,有的国内出口企业没有要求承运人向其签发提单,或者承运人签发提单时将托运人写成进口方,造成国内出口企业虽持有正本提单,但因不是提单载明的托运人而无法向承运人主张权利的困境。

第三,贸易欺诈骗货多。在 FOB 条款下,进口方指定的无船承运人或货运代理企业签发提单的情形非常多,某些不法进口方常常利用上述交易流程的漏洞欺诈国内出口企业。有的进口方与无船承运人或货运代理企业串通,骗取货物后转卖,然后或将注销无船承运人,或将公司资产掏空。国内出口企业虽持有提单,但在索赔时发现签发提单的无船承运人往往已经人去楼空或资不抵债,难以追回损失。

二、防范措施

第一,争取运输环节的主动权。实践中,很多国内出口企业由于不熟悉海运业务,一般不愿在进出口贸易中承担货物运输的义务,进口贸易往往选择 CIF 条款,出口贸易选择 FOB 条款,虽然省去了租船订舱的工作,但风险较大。因此,国内出口企业要尽量争取运输环节的主动权,自行选择承运人并订立运输合同,建议在进口贸易中选择 FOB 条款,在出口贸易中选择 CIF 条款,以减少运输风险。

第二,选择信誉良好的货运代理人和承运人。我国相关法律规定,从事国际货运代理的货运代理企业在交通运输部登记备案后才可以签发无船承运人提单。对于出口贸易采用 FOB 条款的，货运代理企业往往由进口方指定，如货运代理企业出具提单用于结汇，国内出口企业应审查该货运代理企业是否有资格签发提单，否则应予拒绝，要求由实际承运人或具备资格的无船承运人来签发提单。

第五节　无单放货风险及防范措施

无单放货，又称无正本提单交付货物，是指承运人或其代理人，或港务当局在未收回正本提单的情况下，凭提单记载的收货人或通知人提供的副本提单（或提单复印件）和保函放行货物的行为。由于航海技术的发展，运输时间大大缩短，但单据流转速度依然较慢，或者由于贸易双方对于合同履行方式的磋商变更等原因，常常出现货物已运抵目的港而正本提单尚未到达的情况。这种情况下，承运人为减少港口费用，尽快投入新的航次，往往在收货人只出具保函的情况下即向其交付货物。某种程度上，无单放货在海运实践中也是一种惯例。在承运人无单放货时，国内出口企业通常可以向承运人索赔。

一、无单放货风险

第一，恶意串通骗货风险。无单放货有时会与 FOB 条款风险相互结合，进口方与其指定的无船承运人或货运代理企业恶意串通，由无船承运人或货运代理企业签发提单交付国内出口企业，而其凭实际承运人签发的提单提取货物。国内出口企业只能向签发提单的无船承运人或货运代理企业索赔，囿于无船承运人和货运代理企业的实力，求偿不能的情况较为常见。

第二，海关政策风险。部分中美洲、南美洲和非洲国家（如巴西、尼加拉瓜、危地马拉、洪都拉斯、萨尔瓦多、哥斯达黎加、多米尼加等）对于进口货物实行海关放货政策，即承运人将货物运抵目的港后，必须将货物交给当地海关，海关根据收货人的申请直接放货。这类海关放货政策使收货人在未取得正本提单的情况下就可以提取货物，且也无须征得承运人的同意，承运人对无单放货并无过失，导致国内出口企业虽持有正本提单，但无法向承运人索赔。

第三，记名提单（named bill of lading，提单中明确载明收货人的身份）风险。我国法律规定，记名提单不得转让且必须凭正本提单提取货物。很多国内出口企业据此认为记名提单的安全性较高。但是根据美国 1936 年出台的

《海上货物运输法》和《联邦提单法》，承运人交付货物时，并不要求收货人提交记名提单，收货人仅提供身份证明即可，因此承运人并不承担无单放货的责任。

二、防范措施

第一，慎重接受无船承运人或货运代理企业签发的提单。国内企业在从事出口贸易时，要认真审查提单的签发人，尽量要求由实力雄厚的实际承运人直接签发提单，或者由经过备案登记的无船承运人或货运代理企业签发提单。

第二，注重交易安全。国内企业与实行海关放货政策的中美洲、南美洲和非洲国家的外商进行出口贸易时，要注意规避海关政策的风险，尽量采取先付款、后发货的交易方式。对于出口到美国的货物，尽量避免采用记名提单或海运单的方式，建议采用指示提单的方式。

第六节　目的港无人提货风险及防范措施

在出口贸易中，有时会出现货物到达目的港后无人提货或者无法找到收货人的情况，或有的收货人在收到提货通知后不予理睬、明确表示不来提货。究其原因，有的系因买卖双方就合同履行产生争议，进口方拒绝提货；有的系因进口方无力支付货款，特别是在货物价格下行时，宁可损失定金也不愿提货；有的系因目的港政策法规变化等，收货人无法提取货物。

一、目的港无人提货风险

目的港无人提货时，国内出口企业会陷入相当被动的局面。如果选择回运货物，将会面临重新报关、支付回运费用、支付税费等问题；如果选择就地变卖，将会面临货款折价损失问题。如果货物无法回运，也无法就地变卖的，长期滞留港口还会产生大量费用，如滞箱费、滞港费、仓储费、垃圾处理费、洗箱费等，这些费用有时会超过货物本身的价值。承运人在支付这些费用后，会向作为托运人的国内出口企业索赔。此外，在有的国家，港口无人提货超过一定期限，海关将罚没或者销毁货物。

二、防范措施

第一,增强风险意识,建立风险联网预警机制。国内出口贸易纠纷的当事人多集中在中东、拉美和非洲地区。对高风险地区的出口贸易,有关行业协会已经开始建立风险预警机制,逐步搭建统一的进出口交易数据库,记录进出口贸易中的各种纠纷摩擦、不良行为,并开放给所有企业,辅助企业决策是否交易、是否投保以及采用何种方式交易,从而有效地降低出口贸易风险。

第二,及时采取补救措施。国内出口企业要尽量选择信用良好的进口方,降低货物运抵目的港后对方毁约、拒绝提货的风险。一旦出现目的港无人提货的情形,国内出口企业应当及时采取补救措施,根据货物特点、价值,采用回运货物、就地转卖货物等方式,减少损失,避免产生滞港费用。

第三,通过保险转移风险。国内出口企业要注意防范国际贸易的地区风险,通过投保出口信用保险、货物拒收险等方式,有效转移、分散风险,减少或避免损失。

案例 4-1　浙江 L 公司与丹麦 M 公司海上货物运输合同纠纷案
【案例简介】

2014 年 6 月,浙江 L 公司由中国宁波港出口一批不锈钢无缝产品至斯里兰卡科伦坡,货物报关价值为 366918.97 美元。L 公司通过货代向承运人 M 公司订舱,涉案货物于同年 6 月 28 日装载于 4 个集装箱内装船出运。货物出运时,L 公司要求做电放处理,M 公司未签发提单。同年 7 月 9 日,L 公司通过其货代向 M 公司发邮件称发现货物运错目的地要求做改港或退运处理,M 公司于同日回复因货物距抵达目的港不足 2 天,无法安排改港,如需退运则要与目的港确认后回复。次日,L 公司的货代询问货物退运是否可以原船带回,M 公司于当日回复“原船退回不具有操作性,货物在目的港卸货后,需要先由现在的收货人在目的港清关,再向当地海关申请退运。海关批准后,才可以安排退运事宜”。L 公司于 7 月 10 日又提出问题:“这个货要安排退运,就是因为清关清不了,所以才退回宁波的,有其他办法吗?”但 M 公司再没有回复邮件。涉案货物于 7 月 12 日抵达目的港。后 L 公司要求 M 公司签发正本提单,M 公司于 2015 年 1 月 29 日向 L 公司签发了全套正本提单,提单记载托运人为 L 公司,收货人及通知方均为外商,起运港中国宁波,卸货港斯里兰卡科伦坡。2015 年 3 月 13 日,涉案货物被目的港科伦坡海关拍卖。2015 年 5 月 19 日,L 公司向 M 公司发邮件表示已按 M 公司要求申请退运。M 公司随后告知 L 公司涉案货物已被拍卖。L 公司遂向法院起诉,要求 M 公司赔偿货物损失 366918.97 美元。

一审法院判决驳回 L 公司的诉讼请求,主要理由是认为 L 公司要求 M 公司进行改港或退运处理,但 M 公司已明确告知货物距抵达目的港不足 2 天,无法安排改港,也无法安排退运。L 公司在货物抵港直至被海关拍卖的长时间里均未采取有效措施,应由其自身承担相应货损风险。

二审法院改判 M 公司赔偿 L 公司货物损失的 50%,主要理由是认为根据《中华人民共和国合同法》第三百零八条和《最高人民法院关于审理无正本提单交付货物案件适用法律若干问题的规定》第九条的规定,L 公司作为涉案货物的托运人,在货物交付收货人之前,依法可以要求承运人 M 公司进行退运或改港。在 L 公司提出退运要求后,M 公司既未明确拒绝,也未通知 L 公司自行处理货物,对本案货损应承担相应的赔偿责任,考虑到 L 公司也未积极采取有效措施防止损失发生,故酌定 M 公司承担 50% 的责任比例。

案经最高人民法院再审,判决驳回 L 公司的全部诉讼请求。再审判决的主要理由为:依据《中华人民共和国合同法》第三百零八条的规定,在承运人将货物交付收货人之前,托运人享有请求变更运输合同的权利,但双方当事人仍要遵循《中华人民共和国合同法》第五条规定的公平原则确定各方的权利和义务。海上货物运输具有运输量大、航程预先拟定、航线相对固定等特殊性,托运人要求改港或者退运的请求有时不仅不易操作,还会妨碍承运人的正常营运或者给其他货物的托运人或收货人带来较大损害。在此情形下,如果要求承运人无条件服从托运人变更运输合同的请求,显失公平。为合理平衡海上货物运输合同中各方当事人的利益,在托运人行使请求变更运输合同权利的同时,承运人也相应地享有一定的抗辩权。如果变更运输合同难以实现或者将严重影响承运人正常营运,承运人可以拒绝托运人改港或退运的请求,但应当及时通知托运人不能执行的原因。涉案运输方式为国际班轮运输,载货船舶除运载 L 公司托运的四个集装箱外,还运载了其他货主托运的众多货物。在承运船舶距离到达目的港只有两三天时间的情形下,L 公司要求 M 公司改港或退运,M 公司主张由于航程等原因无法安排属客观合理。关于货损,L 公司已了解货物到港的大体时间并明知目的港无人提货,但在长达 8 个月的时间里未采取措施处理涉案货物致其被海关拍卖。根据《中华人民共和国海商法》第八十六条的规定,M 公司卸货后所产生的费用和风险应由收货人承担,其作为承运人无需承担相应的风险和责任。

【法律评析】

依据我国法律规定,在承运人将货物交付收货人之前,托运人享有请求变更运输合同的权利,包括变更收货人、变更目的港和退运货物等。但由于海上货物运输的特殊性,托运人要求改港或者退运的请求不仅不易操作,还可能妨碍承运人的正常营运或者给其他货物托运人或收货人带来较大损害。在此情形下,如果要求承运人无条件服从托运人变更运输合同的请求,显然有违《中华人民共和国合同法》第五条的公平原则。因此,最高法院援引了《中华人民共和国合同法》第五条的一般法律原则即公平原则来赋予承运人相应的抗辩权。

从最高人民法院对本案的审判结果和价值导向看,值得国内出口企业引起重视的有以下几点。

一是海运实践中,货物到港前,托运人都可以变更收货人、变更目的港和退运货物,承运人对此有义务配合,但是该义务并非无条件的,承运人可提出合理抗辩,并要求托运人承担费用和赔偿损失。货物到达目的港后无人提货,承运人会将货物卸入目的港仓库,其在海上货物运输合同下交付及管理货物的义务即终止,因无人提货导致货物被海关拍卖的,承运人无需承担赔偿责任。

二是涉及进出口贸易的,还需要考虑各国海关对于退运货物的规定。从我国国内的有关规定来看,在货物入关前直接办理退运,需要满足严格的条件。2014年制定施行的《中华人民共和国海关进口货物直接退运管理办法》第四条规定:"在货物进境后、办结海关放行手续前,有下列情形之一的,当事人可以向货物所在地海关办理直接退运手续:(一)因国家贸易管理政策调整,收货人无法提供相关证件的;(二)属于错发、误卸或者溢卸货物,能够提供发货人或者承运人书面证明文书的;(三)收发货人双方协商一致同意退运,能够提供双方同意退运的书面证明文书的;(四)有关贸易发生纠纷,能够提供已生效的法院判决书、仲裁机构仲裁决定书或者无争议的有效货物所有权凭证的;(五)货物残损或者国家检验检疫不合格,能够提供国家检验检疫部门出具的相关检验证明文书的。"参照我国法律法规的前述规定,在收货人不配合退运且不存在上述其他情形时,托运人要求承运人办理货物退运不具有可行性。依据对等原则,可以想象出口到国外的货物,办理回运手续也同样极为困难。

案例 4-2 青岛 D 公司与宁波 M 公司海上货物运输合同纠纷案

【案例简介】

2018 年 7 月 18 日,D 公司通过 QQ 向 M 公司发送托运单,委托 M 公司安排一个 20 GP(20 尺普通柜)货物从宁波港到美国纽约港的海运事宜,托运单载明发货人为 D 公司,收货人为美国的 B 公司,货物名称为索具。M 公司接受委托后,提供了相应的货代提单,该提单所载发货人及收货人与前述托运单一致。后 M 公司又向 J 公司订舱,J 公司亦向 M 公司提供了相应的提单,该提单载明发货人为 M 公司,收货人为 M 公司的国外代理。

2018 年 9 月 4 日,涉案货物到纽约港后因收货人 B 公司迟延提取货物,产生滞港费。B 公司办理了涉案货物进口清关手续,但之后既未支付滞港费,也未安排提货。M 公司多次要求 D 公司催促收货人付费提货,但 D 公司与 B 公司交涉无果。同年 10 月 15 日,D 公司通知 M 公司其决定弃货,并询问弃货的手续,随后 M 公司向 D 公司发送了弃货保函样板,并告知即使弃货,仍会被追索目的港相关费用。因费用持续增加,D 公司可以将弃货保函盖章后先扫描给 M 公司,M 公司通过邮件向船东申请弃货,保函正本再补寄给 M 公司。同日,D 公司通过 QQ 向 M 公司发送了弃货保函,主要内容为"兹有我司委托承运由宁波港出运至美国 NEWYORK 港的 1×20 GP 货物,现因目的港收货人至今为止未能提货,目的港口费用日益增加,现我司决定放弃上述货物。我司愿意承担该票货物因弃货产生的目的港滞港费及其他一切费用、风险与责任"。M 公司收到该弃货保函后,于同日通知 J 公司开始进行弃货流程。同年 10 月 23 日,D 公司向 M 公司寄送了一份撤销弃货保函通知,主要内容为"目前我公司已向保险公司提出理赔,有待保险公司进一步处理,如理赔成功,该货物将交由保险公司处理。故撤销此前弃货保函"。M 公司收到后遂通知 J 公司停止弃货流程,将涉案货物转存于仓库,等待 D 公司确认再做进一步处理。由此产生从码头到弃货仓库的卡车费、车架费、拖车费、仓库卸柜费、仓储费等,共计 28515 美元。之后,M 公司多次询问 D 公司对货物的处理意见,D 公司均回复已交保险公司处理,让 M 公司等待保险公司处理结果,但并无保险公司联系 M 公司。2019 年 5 月 28 日,涉案货物被目的港海关作为垃圾处理,并产生了垃圾处理费 3000 美元。M 公司已陆续向 J 公司支付了涉案货物在目的港的上述费用。

M 公司于是向法院起诉,请求判令 D 公司支付目的港费用 3 万余美元。D 公司则抗辩认为 M 公司应及时拍卖货物并从货款中抵扣费用。

生效判决认为,D 公司委托 M 公司办理涉案货物出运,双方之间的海上货运代理合同关系成立。M 公司已履行了合同约定的货运代理义务,因 D 公司委托运输的货物在目的港无人提取,致使 M 公司支付了涉案货物的目的港费用。依据《中华人民共和国合同法》第四百零七条关于"受托人受托处理委托事务时,因不可归责于自己的事由受到损失的,可以向委托人要求赔偿损失"的规定,M 公司有权要求委托人 D 公司赔偿相关损失。对于 D 公司提出 M 公司应行使留置权并及时拍卖货物抵偿费用的问题,《中华人民共和国海商法》第八十七条规定:"应当向承运人支付的运费、共同海损分摊、滞期费和承运人为货物垫付的必要费用以及应当向承运人支付的其他费用没有付清,又没有提供适当担保的,承运人可以在合理的限度内留置其货物。"故行使留置权是承运人的一项权利而非义务,D 公司认为 M 公司未经法定拍卖程序处置货物,无权向其主张费用的理由缺乏依据;且 D 公司通知 M 公司弃货的事实足以表明在目的港拍卖货物存在较大困难。M 公司已向 J 公司支付了相关费用,各项费用有相应的计算依据,遂判决支持 M 公司的诉讼请求。

【法律评析】

货物抵达目的港后,收货人未能在目的港及时提取货物甚至放弃货物的现象并不鲜见,原因可能是收货人经济情况不佳,货物预期会滞销,又或者是收货人乘机要挟降价而未果。由此可能造成堆存费、仓储费、集装箱超期使用费、垃圾清理费等巨额费用。而且根据各航运公司和各国海关的规定,为了促使收货人及时提取货物,上述费用是超额累进的,即时间越长,费率越高。上述费用发生后,海关和承运人一般会向货运代理人收取,货代转而向托运人和发货人追偿。因此,一旦货物在目的港无人提取,会给托运人即国内出口企业造成极大的损失,这种损失往往出乎其意料,也较难防范。虽然我国法律规定,应当向承运人支付的费用没有付清的,承运人可以留置并拍卖相应的货物获得清偿,但实践中,各国海关的权限和职能不同,承运人又非专业的贸易机构,因此海关和承运人往往选择放弃行使留置权,采取最简单的做法即按垃圾处置货物,并向货代追索费用。因货代与海关、承运人有长期的业务往来,不得不支付相应费用,后向托运人和发货人追偿。

本案中,货物到达目的港无人提取后,由于国内出口企业 D 公司未及时处置货物,导致其不但无法收到货款,反而支出了 3 万余美元的目的港费用,这是国内出口企业钱货两空的一个警示案例。

案例 4-3　浙江 F 公司与宁波 S 公司、英国 T 公司海上货物运输合同纠纷案

【案例简介】

2018 年 2 月，F 公司因案涉出口巴西的货物向 S 公司订舱。S 公司作为无船承运人接受订舱，并于同年 3 月 28 日签发无船承运人提单交由 F 公司，提单记载托运人为泰国 P 公司，起运港泰国林查班，交货港巴西纳维根特斯，收货人巴西 CV 公司。实际承运人英国 T 公司于同日签发海运提单交由 S 公司，提单记载托运人为 S 公司，收货人为 CV 公司。同年 5 月 3 日，案涉货物卸离船舶由巴西纳维根特斯港海关控制，巴西海关外贸综合系统显示船东对货物仍处于待定锁住状态，但货物已于同年 5 月 8 日被他人提取。案涉全套无船承运人提单仍由 F 公司持有，案涉全套海运提单仍由 S 公司持有。F 公司于是起诉 S 公司和 T 公司，要求其承担无单放货的货物损失，共计 46040 美元。

一审法院判决认为：F 公司虽持有 S 公司签发的全套正本提单，但案涉货物是从泰国运至巴西，提单记载的托运人为 P 公司，故该提单证明的海上货物运输合同关系存在于 P 公司和 S 公司之间。F 公司未提供其将货物交给 S 公司的证据，不足以证明其与 S 公司之间存在货物运输合同关系。遂判决驳回 F 公司的诉讼请求。

二审法院认为：首先，本案 F 公司向 S 公司订舱的事实清楚，S 公司将签发的提单交付给 F 公司，海运费亦是由 F 公司支付。故在 F 公司持有提单的情况下，应当认定其为托运人，提单上托运人记载为 P 公司的事实不影响 F 公司托运人身份的认定。其次，巴西相关法律规定在进口货物中执行先清关后提货的海关政策，其目的是提高货物清关效率，简化进口程序，但并没有规定在巴西可以无单放货。实践中，在巴西还需承运人或其当地代理在巴西海关外贸综合系统对相关货物进行解锁后，进口商方能提取货物。这充分说明，承运人将货物交给港口当局或海关后，仍然对货物交付具有控制权。故 S 公司与 T 公司仍需证明其在向当地海关或者港口当局交付货物后丧失对货物的控制权，或者货物在未经其允许的情况下被海关或港口当局擅自交付。S 公司提交了巴西海关外贸综合系统的查询记录，证明船东对货物仍处于待定锁住状态，即未同意交付货物，据此认定本案无单放货并非 S 公司与 T 公司的责任。实体处理仍维持一审判决。

【法律评析】

根据 2019 年全国海事审判会议中各海事法院反映的情况以及本案查明

的事实,巴西相关法律规定在进口货物中执行先清关后提货的海关政策,其目的是提高货物清关效率,简化进口程序,但并没有规定在巴西可以无单放货。故承运人仍需证明其在向当地海关或者港口当局交付货物后丧失对货物的控制权,或者货物在未经其允许的情况下被海关或港口当局擅自交付,比如根据巴西海关外贸综合系统的记录、无船承运人提单及海运承运人提单的流转情况等。但托运人仍然可以举证证明承运人在向当地海关或者港口当局交付货物后对货物享有控制权或者对货物被放行存在过错。

通过本案审判,值得国内出口企业反思的经验教训有:首先,在提单上应当尽量载明国内出口企业的托运人身份,否则有可能会被法院否定原告的身份及诉权。其次,本案属于转口贸易,即从我国出口到泰国后,又从泰国出口到巴西,F公司借用泰国公司的名义托运货物也是为了避免贸易壁垒,但应保留相应的证据以证明其托运人身份。再次,对于出口到巴西的货物,由于巴西采用海关代承运人放行货物的做法,即由海关来认定收货人身份,故有可能导致无单放货的情况发生。最后,由于国家豁免权的存在,国内出口企业也无法向巴西海关索赔。因此,对于出口到巴西的货物,国内出口企业要尽量避免采用记名提单,并最好采用信用证方式,或者付款后再发货。

第五章　进出口贸易结算风险及防范措施

国际贸易结算(international trade settlement),是指国际贸易经常发生货款结算,以结清买卖之间的债权债务关系。国际贸易结算是以物品交易、货钱两清为基础的有形贸易结算。目前我国最常见的贸易计算方式是汇款(remittance)、托收(collection)、信用证(L/C,letter of credit)等。

第一节　收款风险及防范措施

在国际贸易中,对于出口方而言,收款是最重要、最核心的环节。国内企业作为出口方,常见下列四种较为常见和典型的收款风险。

一、收款风险

第一,货到付款、定金销售风险。由于出口竞争激烈,国内企业和外贸代理企业往往会同意外商提出的货到付款、定金销售的交易方式,但这样容易出现外商收货后拖欠货款,甚至商业欺诈的情况。有的外商可能以小额定金或预付款骗取大额货物;有的先进行几笔小额交易,按时结清货款取得国内企业信任后,再以大额交易骗取货物。

第二,外汇管制风险。由于国际贸易双方位于不同的国家或地区,一般需要进行货币汇兑,从而产生外汇转移。一旦进口国发生政治动荡或经济状况恶化,在贸易政策上往往会采取外汇管制,造成外汇转移风险,此时即使外商愿意依约支付货款,但因外汇管制,国内企业也难以收汇。

第三,货物质量争议风险。在国际贸易实践中,外商以货物存在质量问题为由拒付货款的情况比较常见。特别是在经济低迷、产品销量不好时,质量问题常常成为外商毁约的理由,导致国内出口企业货款两空。

第四,不合理交货期限风险。由于出口贸易竞争激烈,国内企业急于成交或受惑于巨额订单,即使外商要求的交货时间非常紧迫,也会与之订约,一旦迟延交付,往往面临外商解除合同并要求支付巨额违约金、赔偿金的风险。有时国内企业仅迟延交货数日,在市场行情良好的情况下,外商虽能接受延期交货,但也会借此压价或拒付货款;而在市场波动较大的情况下,迟延交付则可能成为外商解约的理由。

二、防范措施

第一,在签订国际贸易合同时,国内企业应避免采用货到付款、定金销售的交易方式,尽量约定信用证、货前 T/T(telegraphic transfes,电汇)等结算方式,或者要求外商提供银行保函,为货款支付提供保证。即使采用货到付款、定金销售等结算方式,也要尽量提高定金或预付款的比例,减少收款风险。

第二,注意控制货权。在涉及远洋运输的国际贸易中,国内企业要注意掌握正本提单,货物装船后可先将正本提单传真给外商,等其付清货款后,再寄交正本提单。

第三,认真审查合同,避免因质量标准、交货期限、付款期限等约定不明,产生争议,影响收款。

第四,投保出口信用保险。出口信用保险是国家为了推动本国的出口贸易,保障出口企业的收汇安全而制定的一项由国家财政提供保险准备金的非营利性的政策性保险业务,赔付出口企业在经营出口业务过程中因进口企业的商业风险或进口国的政治风险而遭受的经济损失。出口信用保险分为短期保险和中长期保险。投保该险种可以帮助国内出口企业有效分散风险,对于规模不大、抗风险能力较弱的中小微企业来说意义更为深远。我国各地政府对出口信用保险业务非常重视,出口企业投保还可享受政府补贴,最高可达 50%。

第二节　信用证结算方式风险及防范措施

信用证结算方式是国际贸易中的一种重要结算方式。在信用证结算方式中,银行充当了进出口买卖双方的"中间人",使商业信用变为银行信用,但由于单证交易独立于货物交易,同时涉及开证行、议付行、通知行、保兑行等多家银行,因而存在一定风险。

一、进口贸易中的信用证结算风险及防范措施

(一)进口贸易中的信用证结算风险

在进口贸易中,外商一般会要求以信用证结算方式进行结算,由于银行仅审核信用证项下单据形式的真实性,因此,有的外商为早日回笼货款或是骗取信用证项下款项而修改甚至伪造单据。即使国内进口企业发现外商提供的单据系变造、伪造,但因银行一般坚持单证表面一致即应议付的原则,往往会将货款支付给外商;有的外商可能用无价值或价值较低的货物代替合同项下的货物,国内进口企业在收到货物时,银行往往已经支付了信用证下的款项。

(二)防范措施

第一,确保单据的真实性。对外商提供的信用证项下的单据,国内进口企业要注意审查核实其真实性。如可通过查询承运船舶的船期,特别是进出装货港的时间,以确定提单是否存在倒签或者伪造的情形。一旦发现单据异常,可以及时向开证行反映,并积极配合银行审查是否存在单证不符的情况,争取找出实质性的不符点并拒绝接受,以阻止信用证项下款项的议付。

第二,申请法院中止支付信用证项下款项。国内进口企业如果发现存在信用证欺诈情形,可以申请法院中止支付信用证项下的款项。但要注意的是,信用证止付申请需要在信用证项下款项未被善意支付、议付或信用证所附单据未被善意承兑之前提出,因此,时间非常紧迫,寻求救济的难度较大。特别是在开立自由议付信用证的情况下,外商往往会寻找与其关系密切的银行议付,审单及议付在极短时间内即可完成,国内进口企业通过申请止付获得救济的可能性更加渺茫。如在某一信用证欺诈纠纷案件中,受益人(外商)在香港某银行交单,该行在一天内完成审单、付款(按照银行业惯例,交单、审单及议付流程通常需要五到七个工作日,当日的情况极其罕见),致使开证申请人(国内进口企业)无法申请法院止付信用证,只能直接起诉外商追讨货款,诉讼的成本和风险大大增加。

二、出口贸易中的信用证结算风险及防范措施

(一)出口贸易中的信用证结算风险

第一,信用证不符点风险。在出口贸易中,有的国内企业没有严格按照信

用证的要求提供单据,或者提供的单据不符合信用证的要求,外商往往以存在不符点为由拒付款项或者要求降价,而此时货物已经出运或运抵目的港,国内出口企业如果不能及时回运或在当地处理货物,不仅要承担巨额的滞港、滞箱费用,还可能面临货物被当地海关强制处理甚至罚没销毁的风险,所以很多情况下只能接受外商提出的不合理的降价要求。涉及短途运输的国际贸易中,货物一般会比信用证项下的单据更早到达目的地,实务中为避免买方提货迟延,经常出现"将1/3正本提单直寄开证申请人,2/3正本提单提交银行议付"的约定,有的外商在提取货物后会千方百计寻找信用证项下单据的不符点,拒付货款或借机压价,使得国内出口企业无法利用信用证收取货款。

第二,信用证软条款风险。信用证中的软条款通常是指信用证中附加生效条件的条款,或者条款规定单据取得需要进口企业的配合,从而使进口企业掌握贸易主动权,致使出口企业面临交单不符的风险。常见的软条款包括:暂不生效信用证,待进口许可证签发后通知生效或待货样经开证人确认后再通知信用证生效;船公司、船名、目的港、起运港或验货人、装船日期须待开证人通知或征得开证人同意,开证行将以修改书的形式另行通知;货到目的港通过进口企业检验后才履行付款责任;指定受益人必须提交国外检验机构出具的检验证书或由申请人指定代表出具的证书;等等。在出口贸易中,信用证如存在软条款的,将使国内出口企业的安全收汇受到威胁,贸易的主动权完全掌握在外商手中,国内出口企业可能面临货物被骗风险。

第三,开证行信用风险。有的国外银行,特别是一些在我国境内没有分支机构的小银行在开出信用证后,如果外商不愿意付款,即使国内出口企业已经按照信用证的要求提供了相符的单据,也会配合外商在审单中故意挑毛病,寻找理由拒付信用证项下款项。

第四,地区风险。近年来,由于一些国家和地区法制不健全,外商通过司法途径随意止付信用证项下款项的事件时有发生,特别是在东南亚、拉丁美洲、中东地区。一些外商在行情不好或遭遇经营困难时,往往以货物质量存在严重问题等为由向当地法院申请止付令,冻结信用证项下款项,借机赖账。

(二)防范措施

信用证虽以银行信用作为付款担保,具有较高的安全性,但国内出口企业仍应认真、审慎地做好相关审查、核实工作,避免风险。

第一,要求外商选择信用状况较好的银行开立信用证。一般来讲,世界排名前 500 的银行的信誉较好,选择这些银行相对安全。

第二,审查信用证。国内出口企业可要求国内通知行或议付行认真核验信用证的真实性,确保信用证真实可靠。

第三,尽力做到单证相符。国内出口企业要严格按照信用证的要求提供单据,做到单证相符,避免出现不符点,防范拒付风险。如果因客观原因,无法提供信用证要求的单据,应当与外商协商及时修改信用证。

第四,防止信用证软条款陷阱。如果国内出口企业发现信用证中存在软条款,应及时与外商协商修改,切忌轻易接受;无法达成一致意见的,可要求改用其他方式付款。

第三节　独立保函风险及防范措施

独立保函一般是指银行通过开具保函的方式,为申请方履行合同义务提供独立保证。独立保函一经开出,即独立于基础合同,只要受益人出具付款要求声明或提供保函要求的文件,银行即承担付款义务。银行独立保函一般分为投标保函、预付款保函、履约保函等,国际贸易中常见的是预付款保函和履约保函。预付款保函是指在签订进出口贸易合同后,出口方要求进口方按货款总额预付一定比例的款项,而进口方预付款项后,要求出口方提供银行保函,在出口方未按约履行时,银行会将预付款项及利息退还进口方。履约保函是指担保银行根据申请人的请求,向受益人开立的保证申请人履行合同项下义务的书面保证。履约保函既可以是出口方申请开具的保证交付符合合同约定货物的保函,也可以是进口方申请开具的保证支付货款的保函。

一、独立保函风险

第一,开立风险。独立保函独立于国际货物买卖双方之间的基础合同,可有效防范保函受益人遭遇风险,但对于保函申请人而言,风险较大。在国际贸易实务中,国内出口企业往往处于弱势地位,应外商要求出具履约保函的情况较多,不仅要承担开具保函的相关费用,而且还可能面临无法收取货款、丧失保函保证金或者外商迟延付款等风险。

第二,恶意索赔风险。在独立保函实务中,担保银行按照独立保函约定的付款条件对外承担付款责任,但并不审查基础贸易合同的履行情况,因此,银行在开具独立保函前,一般也会要求申请人向其提供有效担保,一旦担保银行对外付款,可向申请人追偿,故独立保函的最终风险都落在申请人身上。国内出口企业申请开立独立保函时,有的没有约定付款的文件要求,只要外商提交了书面付款要求或者认为国内出口企业违约的声明,担保银行即要付款,为其恶意索赔提供了可能。即使国内出口企业完全履行了合同义务,也会遭遇外商恶意索赔,故实践中将此类独立保函称为"自杀性保函"。有的独立保函虽然约定了受益人要提交相应的文件作为银行付款的条件,但因为银行仅对文件进行形式审查,并不审查基础合同的履行情况,也为受益人提供虚假文件进行欺诈索赔提供了可能。

二、防范措施

第一,谨慎出具独立保函。国内出口企业要充分认识独立保函的风险,尽量避免出具履约保函。即使要出具独立保函,也要充分了解外商的信用情况,审慎约定独立保函的付款条件,降低风险,避免出具没有付款文件要求的"自杀性保函"。

第二,由第三方权威机构出具违约证明。在约定独立保函付款条件时,国内出口企业应尽力争取以受益人提供相关文件为前提,其中涉及国内出口企业是否违约的文件,应要求由第三方权威机构出具证明,防止受益人自行出具违约声明,滥用索赔权利。

第三,严格按照合同履约。国内出口企业要严格按照国际贸易合同约定履行己方义务,避免出现违约行为,遭受索赔。在履行合同过程中,如果出现了违约行为,要及时与外商沟通,取得谅解。

第四,积极应对欺诈性索赔。国内出口企业发现外商向担保银行提出欺诈性索赔时,要积极应对,尽可能依据国际惯例、国内立法等向法院申请止付独立保函,并尽快提起国际贸易合同诉讼,以保护自身的合法利益。

第四节　汇率风险及防范措施

汇率风险(exchange risk),又称外汇风险,指经济主体持有或运用外汇的经济活动中,因汇率变动而蒙受损失的可能性。在国际贸易中,进出口企业的汇率风险主要包括汇兑风险、利润风险和会计风险等。

一、汇率风险

第一,汇兑风险。汇兑风险,又称交易风险,指进出口企业在约定以外币计价成交的交易过程中,由于结算时的汇率与交易发生时(签订合同时)的汇率不同而引起收益或亏损的风险。如在出口贸易中,国内企业和外商约定以美元作为计价货币,在货物出运后货款收到前,当人民币对美元的汇率上浮时,国内出口企业将遭受出口收入下降的风险。

第二,利润风险。利润风险,又称经营风险,指由于意料之外的汇率变动影响企业的生产销售数量、价格、成本,引起进出口企业未来一定期间的收益或现金流量减少的一种潜在损失。如某国内企业出口产品的价格需求弹性较大(价格的较小变动会引起需求量较大的变动),如果人民币升值,该产品价格上升,在国外市场上的需求量可能会急剧减少,从而使国内企业的总利润减少。

第三,会计风险。会计风险,又称折算风险,指经济主体对资产负债表的会计处理中,将功能货币转换成记账货币时,汇率变动而导致账面损失的可能性。如国内进出口企业的账面资产中,包含人民币资产和外币资产,其综合财务报表上的资产和负债都要统一折算为人民币,汇率波动会给企业的账面资产带来一定风险。

二、防范措施

第一,合理选择结算币种。国内企业开展出口贸易时,可使用硬货币(在国际金融市场上汇价坚挺并能自由兑换、币值稳定,可以作为国际支付手段或流通手段的货币)作为计价货币;在开展进口贸易时,可选择软货币(在国际金融市场上汇价疲软、不能自由兑换他国货币、信用程度低的货币)来进行对外支付。

第二,选择合理时机进行结算。在国际贸易合同中,国内企业可以根据结算货币的汇率走向选择提前或推迟结算。如果预测结算货币相对于人民币贬值,国内进口企业可选择推迟进口或要求延期付款,国内出口企业可选择尽早签订出口合同收取货款。如果预测结算货币相对于人民币升值,国内进口企业可选择提前进口或支付货款,国内出口企业可选择推迟交货或要求外商延期付款。

第三,积极利用衍生金融工具。规避汇率风险最常用的方法就是利用衍生金融工具进行保值操作,主要包括外汇期权、外汇期货和掉期外汇交易等形式,可防范汇率变动风险。

第五节 出口信用保险

出口信用保险是国家为了推动本国的出口贸易,保障出口企业的收汇安全而制定的一项由国家财政提供保险准备金的非营利性的政策性保险业务,承保出口企业在经营出口业务过程中因进口企业的商业风险或进口国的政治风险而遭受的损失的一种信用保险。出口信用保险分为短期保险和中长期保险。

中国出口信用保险公司(简称中国信保)是中国唯一承办出口信用保险业务的政策性保险公司。中国信保主要承保国家风险和买方风险。国家风险包括买方国家收汇管制、政府征收、国有化和战争等;买方风险包括买方信用保险(拖欠货款、拒付货款及破产等)和买方银行风险(开证行或保兑行风险)。出口信用保险不仅具有分散风险、减少损失等功能,且中国信保在向出口企业赔付后可以依法获得追偿权,利用其国有企业身份强化与国外主体谈判、追偿的地位,从而实现中小企业无力完成的索赔程序。据统计,2011 年仅宁波地区就通过出口信用保险弥补了出口企业 6000 万美元的经济损失。

对于一般货物可以向中国信保投保短期出口信用保险。一般情况下,保障信用期限在一年以内的出口收汇风险,适用于出口企业从事信用证、付款交单(D/P)、承兑交单(D/A)、赊销(OA)贸易。承保的风险主要包括商业风险和政治风险。商业风险包括买方破产或无力偿付债务、拖欠货款、拒绝接收货物,开证行破产、停业或被接管,单证相符、单单相符时开证行拖欠货款或在远期信用证项下拒绝承兑。政治风险包括买方或开证行所在国家、地区禁止或限制买方或开证行向被保险人支付货款或信用证款项;禁止买方购买的货物进口或撤销已颁布发给买方的进口许可证;发生战争、内战或暴动,导致买方无法履行合同或开证行不能履行信用证项下的付款义务;买方支付货款须经过的第三国颁布延期付款令。

近年来外贸风险的形式越来越多样化,除了传统的破产、滞销、价格波动等商业风险外,战争、国有化、汇兑限制等带来的政治风险也日益增大。由于市场经济不景气,违约风险增加,出口信用保险的报损案件和报损金额的增长速度也很快,更加说明投保出口信用保险的紧迫性。

国内企业应当充分重视出口信用保险。近年来投保出口信用保险的国内企业迅速增长,投保的贸易额也不断增多,但整体覆盖比例仍然不高,只有20%左右。各地政府和中国信保也通过政府补贴、减免保费、简化投保理赔程序、提高损失赔偿比例等措施拓展出口保险的覆盖面。例如宁波市政府采取政府补贴保费的方式鼓励企业投保,即企业购买的每一份保险,都由政府支付50%的保费。但很多企业或因为尚不知晓相关政策,或因为经济原因,仍然没有投保出口信用保险。

此外,小微企业可利用出口信用保险保单拓宽融资渠道,提升债权信用等级,获得其他融资方面的便利。

案例 5-1 舟山 S 公司与韩国银行、工商银行舟山分行信用证纠纷案

【案例简介】

舟山 S 公司与韩国 B 公司签订买卖合同,约定 S 公司向 B 公司出口冷冻黄石首鱼。韩国银行根据 B 公司的申请,开立了以 S 公司为受益人的金额为150000 美元的不可撤销、可转让、见票即付信用证。信用证规定:货物为冷冻黄石首鱼,规格 60 克以上、重量 50 公吨,货物允许分批装运;最迟装船日期;单据要求为商业发票一式三份、装箱单一式三份、全套清洁已装船海运提单、检验证明正本一份。信用证的附加条款中规定 S 公司应通过 EMS 或 DHL 向 B 公司送交兽医(健康)证明原件。

货物出运后,S 公司通过工商银行舟山分行向韩国银行提交了信用证下规定的全部单据并要求兑付金额 141000 美元。S 公司提交的单据包括:商业发票一式三份(载明货物为冷冻黄石首鱼、60 克以上、8 公吨、800 箱、总价 CFR 韩国釜山 USD141000)、装箱单一式三份、全套清洁已装船海运提单、检验证明正本一份。其中装箱单、海运提单、检验证明等载明的货物品名、重量、规格等均与商业发票一致。

之后,韩国银行致电工商银行舟山分行称,信用证申请人发现货物发运短缺,认为这次交易是一次国际欺诈,要求工商银行舟山分行拒绝 S 公司的议付要求。随后,韩国银行向工商银行舟山分行发出拒付通知书,称根据《跟单信用证统一惯例》(以下简称 UCP500)第十四条的规定,因为存在未向申请人提交兽医(健康)证明,检验证明是伪造的,货物出现短装,金额计算不符等不符点,拒收所提供的单据并予退回。工商银行舟山分行回电韩国银行认为:根据 UCP500 第四条、第九条和第十三条(a)款规定,S 公司提交的单证符合信用证

的要求,韩国银行所指的不符点并不存在,韩国银行属于无理拒付。后工商银行舟山分行又多次向韩国银行发 SWIFT 电文与其交涉,要求韩国银行兑付信用证项下的款项。

S 公司遂向法院起诉,要求韩国银行支付信用证项下的 141000 美元及延期付款所产生的利息损失,并由工商银行舟山分行承担连带责任。

法院生效判决认为:工商银行舟山分行向韩国银行提交信用证项下全部单据后,韩国银行发出拒付通知,提出了未向申请人提交兽医(健康)证明,检验证明是伪造的,货物出现短装,金额计算不符等四个主要不符点。故本案应审查韩国银行提出的不符点即拒付理由是否成立。对于兽医(健康)证明,因信用证条款规定的单据要求只有四项,即海运提单、商业发票、装箱单、检验证明,虽然信用证的附加条款中列明了其他要求,即通过 EMS 或 DHL 直接向申请人交送兽医(健康)证明原件,但信用证的单据要求中并未列明该项条件,且附加条款中也表明兽医(健康)证明应向申请人提交,即属于申请人和受益人之间需解决的问题,故该条款不属于信用证的单据要求,韩国银行作为开证行不应审核。第一项不符点即没有兽医证明的理由不能成立。对于检验证明,信用证并未规定检验证明需检验人员亲自到装运港检验,其签名的真实性也未被鉴定机构予以否定,因此,根据 UCP500 第二十一条"当信用证要求提供除运输单据、保险单据和商业发票以外的单据时,信用证中应规定该单据由何人出具,应有哪些措辞或内容。如信用证对此未作规定,只要所提交单据的内容与提交的其他单据不矛盾,银行将予接受"的规定,本案 S 公司提交的检验证明符合信用证的规定,第二个不符点的理由不能成立。对于货物短装,由于信用证对货物的要求为(规格)60 克以上、(重量)50 公吨,同时又明确规定货物允许分批装运。因此,S 公司提交的装箱单、提单、发票显示货物为 60 克以上、8 公吨,应视为在信用证允许的范围之内,不存在短装问题,故第三个不符点亦不能成立。对于发票上的价格和数量无法计算出发票的总金额,虽然信用证对货物(冷冻黄石首鱼)并未规定单价或计价方法,但本案中 S 公司已经承认采用分批发货、一次付款的商业做法,货物实际价值远低于发票所载明的申报价值,且直至信用证到期,其仍未交付信用证项下的全部货物。因此,S 公司无权要求韩国银行支付全部货款,即韩国银行有权拒付信用证项下的款项。

综上,法院判决驳回 S 公司的诉讼请求。

【法律评析】

在信用证法律关系下,当事人处理的是单据而不是单据所涉及的货物或其他行为。UCP500 第三条(a)款规定:"就性质而言,信用证与可能作为其依据的销售合同或其他合同,是相互独立的两种交易。即使信用证中提及该合同,银行亦与该合同完全无关,且不受约束。"因此,信用证是独立于基础合同的另一种法律关系,其业务处理不以基础合同为准,而以单据为准。对于信用证项下的单证只要符合"单据与信用证条款、单据与单据之间表面上相符"的原则,银行就应予以议付。

信用证虽然与作为其依据的基础销售合同是相互独立的,开证行的审核标准是单据是否与信用证构成表面相符以及单据之间是否一致。但 S 公司为了在分批发货的情况下尽早拿到全部货款,采用"分批发货、一次付款"的商业做法,在仅提交 16% 货物的情况下就想获得 94% 的货款。这种做法不但有违诚信原则,也未被银行和法院所认同,在国际贸易中并不值得提倡。

同时,本案信用证条款中也出现了兽医(健康)证明等软条款,虽然没有被法院所认可,但国内出口企业也应引起警惕,今后在信用证条款中应尽量避免此类软条款。

案例 5-2   浙江 J 公司与伊朗 Y 公司国际货物买卖合同纠纷案

【案例简介】

2011 年 3 月 7 日,浙江 J 公司与伊朗 Y 公司签订销售数量为 50000 只、单价为 213.75 美元、货款总额为 10687500 美元的钢瓶销售合同一份。合同约定付款方式为电汇,Y 公司在收到预付款保函 2 个工作日内支付合同总金额的 15% 给 J 公司作为预付款,但预付款保函在 J 公司收到预付款后方才生效;每次分批装运后,J 公司要以电子邮件或传真的方式将装运单据复印件发给 Y 公司,Y 公司收到后在 10 个工作日内将 85% 的余款付给 J 公司。如果 Y 公司延迟付款,需额外支付该批货物总额 0.5%/天的罚金;最大罚金总额为装运数量货值的 5%。合同还约定货物从中国宁波港发运到迪拜港,在收到全额预付款后每 30 天发货一批,分 10 批装运。当 Y 公司提交 85% 货款的银行付款水单后,J 公司在一个工作日内将装运单据寄往 Y 公司北京办公室,应邮寄单据如下:整套正本清洁提单、签名的商业发票、装箱单、保单、原产地证书、第三方检验机构出具的 VOC 检验证书、由制造商出具的包括水压测试记录的工业产品合格证。

2011 年 4 月 8 日,中国银行浙江分行根据 J 公司的申请,开具受益人为 Y 公司的预付款保函。中国银行浙江分行向 Y 公司保证一旦收到 Y 公司发出的第一次书面索赔通知纸质原件及声明 J 公司拒绝或未能履行合同项下义务的书面说明,立即向 Y 公司支付最高不超过 1603125 美元的款项。保函适用国际商会《见索即付保函统一规则》(简称"URDG"),除第二十条 a 款(Ⅱ)。2011年 4 月 14 日,Y 公司向 J 公司账户支付预付款 1603125 美元。

2011 年 6 月 17 日,J 公司向 Y 公司发送邮件,告知首批 5100 只货物的发货计划,请 Y 公司检查并确认装运信息,注意收货人、通知人、货物描述、目的港口,如有任何修改,请在当天下午以前通知 J 公司,其中该单证信息中注明的目的港为阿巴斯港。同年 6 月 29 日,J 公司通过邮件向 Y 公司发送了首批5100 只钢瓶的装运单据副本,并通知 Y 公司付款。同年 7 月 5 日,Y 公司向 J公司发送邮件,请 J 公司安排好单据。之后,J 公司通过邮件向 Y 公司发送了第二至五批货物的装运单据副本,并通知 Y 公司扣减预付款和支付货款。但Y 公司仍以单据存在问题为由,拒绝支付货款。

2011 年 10 月 27 日,Y 公司向中国银行浙江分行发函称,J 公司未能履行合同项下的首批 5000 件货物和第二批 5000 件货物的交付义务,J 公司所传递的单据与货物并不对应,要求退还预付款保函项下的 1603125 美元。

2011 年 11 月 14 日,绍兴市中级人民法院根据 J 公司的申请,裁定中国银行浙江分行开具的金额为 1603125 美元保函项下赔付款暂停支付。同年 11 月29 日,中国银行浙江分行向 Y 公司发出拒付电,表示因收到法院通知要求止付该保函项下的赔付,故不能对 Y 公司的索赔予以承付。

J 公司遂向法院起诉,要求 Y 公司按约定支付货款,并以 Y 公司构成保函欺诈为由,请求判令中国银行浙江分行中止向 Y 公司支付预付款保函项下款项。

本案生效判决认为:首先,关于合同违约问题。根据合同约定,J 公司应在Y 公司支付预付款后 30 天内发送第一批货物。虽然 J 公司发送第一批装运单据的时间迟于合同约定时间,但 Y 公司支付预付款的时间亦已超期,且 Y 公司也未追究该迟延行为,故本案合同应当继续履行。第二至五批货物的发送时间虽然也略有迟延,但由于 Y 公司未及时支付第一批货物的货款,J 公司有权行使后履行抗辩权。Y 公司对于相关单据系伪造、变造的异议,均无相应的证据予以证明。因此,Y 公司拖欠货款的行为构成违约,应当承担相应的违约责任。其次,关于中国银行浙江分行应否中止支付保函项下款项。虽然独立保函独立于基础合同,但只要符合独立保函索赔条件,担保银行就应当支付独立保函项下款项。针对独立保函的独立性,国际惯例同时又确立了"欺诈例外"原则,此时不受保函独立于基础交易原则的制约。Y 公司在独立保函索赔函中主张 J 公司违约的事实是 J 公司未履行货物的交付义务;单据与货物不对应,如相关单据中的货物目的港是阿巴斯港,而非合同约定的迪拜港。但法院查明 J 公司已经按照合同约定向 Y 公司寄送了相关货运文件,并按照 Y 公司要求对部分单据进行了修改;双方对于实际履行地为阿巴斯港也是明知的。因此,Y 公司在索赔函中陈述 J 公司的违约事实并未实际存在,Y 公司系向中国银行浙江分行作出虚假陈述,以索取独立保函项下款项,属于恶意滥用索赔权进行欺诈性索赔,构成保函欺诈。独立保函的欺诈例外原则应予适用,中国银行浙江分行应中止向 Y 公司支付独立保函项下的款项。

综上,法院判决中国银行浙江分行中止向 Y 公司支付预付款保函项下款项 1603125 美元;Y 公司支付 J 公司货款 2757375 美元以及违约金 218025 美元。

【法律评析】

本案纠纷是因为外商恶意索赔独立保函项下的款项而引发,外商在合同履行前支付了货款总额的 15% 作为预付款,但同时要求国内出口企业通过银行向其出具同等金额的预付款保函,作为国内出口企业违约的担保,这是国际货物买卖合同中较为常见的做法。在买卖合同实际履行的过程中,外商因自身原因无法及时支付货款时可能会编造理由,颠倒黑白,反而控告国内出口企业违约,并向国内担保银行索赔其支付的预付款,其实质是一种恶意的欺诈性索赔。由于独立保函具有独立性和单据性的特征,其效力和保证人的付款责任完全取决于独立保函文本的规定,与基础交易没有必然关系,只要独立保函受益人提出索赔权,担保银行就应当及时支付独立保函项下款项。独立保函的制度安排容易使受益人提供虚假文件进行欺诈索赔,因此应当引起国内出口企业的重视。

国内出口企业要充分认识独立保函的风险,审慎约定独立保函的付款条件,在出现外商恶意索赔的情况下,及时向法院申请止付独立保函,并尽快提起后续的国际贸易诉讼。因为暂停支付独立保函仅仅是中间判决,需要通过实质审查来判断是否要中止支付独立保函项下款项。本案是国内出口企业积极行使权利,维护自身合法权益的典型成功案例。

案例 5-3　浙江 Z 公司与韩国 H 公司国际货物买卖合同纠纷案

【案例简介】

2013 年 11 月 8 日,浙江 Z 公司与韩国 H 公司签订了《柴油发电机组供货合同》,约定 Z 公司向 H 公司采购设备,Z 公司向工商银行浙江分行申请开立不可撤销见索即付保函,作为基础交易的付款方式。同月 20 日,Z 公司向工商银行浙江分行申请开立付款保函,并约定付款条件为见保函正本。同月 22 日,工商银行浙江分行向 H 公司开出一份不可撤销见索即付保函,载明:"经申请人(Z 公司)请求,我行,即中国工商银行股份有限公司浙江省分行特此签发本保函,并不可撤销地承诺,在收到贵公司通过贵方银行转发的首次书面索偿要求,声明申请人违反合同项下的付款义务以及违约行为时,在 7 个营业日内向贵公司支付任何一笔或数笔总额不超过 6648010 美元的款项。贵公司提交付款索偿要求时,需一并提交以下单据:凭指示的标注运费到付通知人为申请人的清洁海运提单副本、经签署的装箱单副本三份、经签署的商业发票副本三份、原产地证书、车间测试报告。本保函金额按照申请人或我行已付的款项或款项加利息金额,自动按比例减少。本付款保函自签发之日起生效,最迟于2014 年 7 月 8 日到期。到期后,不论是否交还我行以进行作废处理,本保函均应自动失效。本保函需遵守国际商会第 758 号出版物,2010 年版《见索即付保函统一规则》(URDG)。"

因浙江 Z 公司未能按期付款,H 公司于 2014 年 5 月 4 日向工商银行浙江分行发出索偿电文,要求支付保函项下 6648010 美元。工商银行浙江分行收到 H 公司通过韩国外换银行快递的索赔单据,其中包括:记名提单副本、三份装箱单副本、三份商业发票副本、原产地证明、车间测试报告。该记名提单显示收货人为 Z 公司,通知人为 Z 公司,包装件数为 13 件,但装箱单显示货物共计 31 件。

2014 年 5 月 8 日,工商银行浙江分行向 H 公司发电文称:"我行于 2014 年5 月 4 日收到的相关付款单据由于存在以下不符点无法构成相符索赔:(1)未签发凭指示提单。(2)未提交提单附表。(3)装箱单显示数量为 31 件与提单不符。因此,贵司根据上述保函提出的索赔我行予以拒付。"

2014 年 6 月 3 日,工商银行浙江分行收到 H 公司寄送的修改单据,装箱单上的数量更改为 13 件,但提单未修改。随后,工商银行浙江分行以 H 公司对保函的偿付要求及附后的修改后的提单非凭提示仍有不符为由拒绝索偿要求。

H 公司遂向法院起诉,请求判令工商银行浙江分行立即偿付保函项下款项 6648010 美元以及滞纳金人民币 1332784.44 元。

法院生效判决认为:独立保函是开立银行与受益人之间具有法律约束力的合同,一旦受益人接受独立保函条款或根据独立保函条款向开立银行提出索赔,即表明受益人自愿接受独立保函的全部条款并受其约束。工商银行浙江分行开立的独立保函明确列明了单据条件,受益人 H 公司接受独立保函时并未提出异议,其索赔时应提供与该独立保函条款和条件相符的全部单据,不能再以部分单据不符合银行业国际惯例或该单据无实际意义为由而拒绝提交。根据独立保函载明的审单标准,开立人在独立保函单据审查过程中应当适用表面相符、严格相符的原则,而不采用镜像相符或实质相符原则。而 H 公司提交的记名提单副本与独立保函所要求的指示提单副本在提单类型上显著不同,两者在国际贸易和海上运输中的差异显而易见。H 公司关于其提交的记名提单副本与独立保函要求并无区别或并不矛盾的理由,违背了独立保函的单据交易原则和表面相符原则。因此,H 公司提交的独立保函索赔单据存在不符点,工商银行浙江分行有权拒付。

综上,法院判决驳回 H 公司的诉讼请求。

【法律评析】

本案系受益人 H 公司与独立保函开立人工商银行浙江分行之间关于独立保函项下的索赔纠纷。H 公司发出索赔通知后,其提交的单据不符合独立保函约定的单据条件。工商银行浙江分行规范合法地行使了独立保函索赔审查程序,通过正确解读《见索即付保函统一规则》,严格把握和审查外国当事人提交的索赔申请和单据条件是否存在不符点,维护了国家金融安全秩序,保护了国内当事人的合法权益。该案也反映了我国银行业已经充分了解且能够合理利用国际金融规则,有效规避金融风险。

第六章　进出口贸易纠纷的解决方式

就国际经济贸易关系的参加者而言,国际经济贸易领域内的争议可以分为:(1)不同国家的国民之间的国际经济贸易争议;(2)不同国家之间的经济贸易争议;(3)本国或外国国民之间的国际经济贸易争议。本章中,我们将只针对第一种情形的争议及其解决办法进行探讨。

国际经济贸易争议一般产生于不同国家的国民之间由于货物买卖、技术转让、投资、工程承包等进行的跨国经济活动。一般为当事人在国际经济贸易合同的解释或履行中发生的争议,但在某些情况下,也可能是非契约性争议,如由于侵权行为所产生的纠纷。但无论是契约性争议,还是非契约性争议,争议各方当事人的法律地位都是平等的,他们之间的权利与义务也是对等的。①

就不同国家的当事人之间的国际经济贸易争议的解决方法而言,主要分为解决国际经济贸易的司法方法和非司法方法,其中司法方法主要是指通过诉讼的方式解决国际经济贸易;非司法方法即通过诉讼以外的方式解决争议,主要包括协商、调解和仲裁等方式。实践中,纠纷的解决方式一般由双方当事人在国际经济贸易合同中事先约定。每种解决方式各有利弊,国内企业可以根据具体情况合理选择纠纷解决方式。

第一节　协　商

协商是指国际经济贸易合同的当事人在争议发生后,各方在自愿的基础上,对争议事项进行口头或书面的协商或谈判,自行达成和解协议解决纠纷的方式。其特点是没有第三者的介入,而由当事双方通过友好协商的方式,自行解决争议。协商通常是当事人在争议发生后最先采用的纠纷解决方式,相比

---

① 余劲松,吴志攀:《国际经济法》,北京:北京大学出版社,2014 年,第 559 页。

仲裁、诉讼等解决方式,具有高效、便捷、经济等优点,有利于纠纷的快速解决,避免损失扩大,有利于双方当事人之间巩固合作基础,进一步推动经济合作。在国际经济贸易合同的争议解决条款中,一般首先规定"对于本合同产生的争议,当事双方应当通过友好协商的方式解决"。在通过协商谈判不能达成协议的情况下,争议事项才有可能通过其他途径,如仲裁或诉讼等方式解决。

双方协商一致时,可直接就相关争议的解决方案以和解协议的方式明确,或签订补充合同。有关补偿/赔偿金额、支付方式、支付期限、税费分担、后续履行、争议解决等问题,可在和解协议或补充合同中一并明确。

在签署和解协议时,要注意和解协议内容合法、具体明确,双方权利义务分割清晰且能够实现。和解协议的用词应当准确,解释唯一,不存在歧义;尽量使用一种语言制作,避免语言不同导致相关理解不同。

为保障各方当事人能自觉履行和解协议,可在和解协议中约定制约条款,即明确一方不履行和解协议的后果,如增加违约金或赔偿金。一方如果未履行和解协议,另一方可凭和解协议及时提起仲裁或诉讼。此外,通过和解过程,双方可以梳理背景事实,确认有关事实,从而为后续可能发生的仲裁或诉讼固定事实和证据。

在协商谈判解决争议的情况下,当事双方一般应当具有解决问题的诚意,在谈判中查明或基本查明争议事实后,本着互谅互让的原则,通过友好协商的方式,使争议得到及时解决。实践证明,只有双方当事人能够在解决争议的问题上密切合作,并怀有解决问题的诚意,才是一种行之有效的解决方法。[①]

第二节　调　解

调解是指国际经济贸易合同当事人发生纠纷后,在中立第三方的主持下,根据法律规定和合同约定,参考国际惯例,在平等、自愿的基础上,促使争议各方达成调解协议的纠纷解决方式。调解既可以在某一机构进行,也可以由当事人直接授权独立的自然人主持,其特点在于由与争议双方无利害关系的第三方参与争议的解决。

---

① 余劲松、吴志攀:《国际经济法》,北京:北京大学出版社,2014 年,第 571 页。

一、调解公约、调解规则和调解中心

《联合国关于调解所产生的国际和解协议公约》（又称《新加坡调解公约》）于 2018 年 12 月通过，新加坡和斐济于 2020 年 2 月 25 日成为公约缔约方，我国于 2019 年 8 月 7 日签署公约，但目前尚未批准该公约。公约共有 16 条，主要包括适用范围、一般原则、对依赖于和解协议的要求、拒绝准予救济的理由等内容。

一些国际组织、商会制定了专门的调解规则，如联合国国际贸易法委员会于 1980 年通过的《联合国国际贸易法委员会调解规则》，该规则就规则的适用、调解程序的开始、调解员人数、调解员的指定、向调解员提交的陈述书、代表和协助、调解员的任务、行政协助、调解员和双方当事人的关系、资料的透露、双方当事人与调解员的合作、解决争端协议、保密、调解程序的终止、诉诸仲裁或司法程序、费用、预付金、调解员在其他程序中的作用、其他程序中可接受的证据、调解条款格式等各方面都作出了规定。

国际商会现行的《调解规则》于 2014 年 1 月 1 日生效，取代了 2001 年的《友好争议解决规则》。该规则反映了现代实践的需求，并为调解程序设定了清晰的标准，同时确认和保持了对灵活性的需求。目前国际商事调解机构是由国际商会设立的，其在世界各地设立了多个国际商会调解中心。各国国内成立的国际商事调解组织大多为商事仲裁机构下设的调解中心，还有一些专门从事国际商事调解的调解中心。此外，还有两国或多国联合设立的国际商事调解组织，如上海仲裁委员会和法国行业间调解与仲裁中心合作建立的上海—罗纳·阿尔卑斯调解中心。

值得一提的是，为更好地服务"一带一路"倡议，解决企业在"一带一路"发展中遇到的风险与挑战，2016 年 10 月，"一带一路"国际商事调解中心在北京建立，并且通过了《"一带一路"国际商事调解中心调解规则》。该调解中心成立的目的在于协助争议相关方，通过调解方式解决"一带一路"国际商事争议和纠纷。调解中心的职能是：（1）选任具备资质的调解员；（2）组织培训，使调解员获得履职资质和能力；（3）为"一带一路"服务机制成员及其相关方及"一带一路"相关国家的政府、企业及其他商业组织与个人提供调解服务；（4）在"一带一路"国际商事主体中，通过在线与线下调解等方式推广和谐、互利、平等的调解文化，维持"一带一路"良好的经济秩序；（5）与"一带一路"相关国家政府、司法机关以及调解、仲裁组织合作推动国际商事调解事业的发展及其与

司法程序的衔接,包括诉调对接、调解协议的司法确认以及执行等。[①]

二、调解程序

国际经济贸易争议的调解除依当事人的协议外,并无定式。下面以《联合国国际贸易法委员会调解规则》的规定为例,进行阐述。[②]

(一)调解的开始

当事人要提请调解时,应向他方当事人发出按该规则进行调解的书面邀请,简要地说明争议的内容。他方当事人接受调解邀请时,调解程序即行开始。

(二)调解员的人数及任命

除非双方当事人协议应有两名或三名调解员,否则调解员为一人。

由一名调解员进行调解时,双方当事人应努力就单独调解员的人选达成协议;由两名调解员进行调解时,每一方当事人应指定一名调解员;由三名调解员进行调解时,则每一方当事人应指定一名调解员,双方当事人就第三名调解员的人选应努力达成协议。

在任命调解员时,应任命独立公正的调解员,最好指定一名不具有双方当事人国籍的调解员。

(三)调解员的任务

调解员经指定后,应要求各方当事人提交简明的书面陈述书,说明争议的一般性质和争议点所在。每一方当事人向他方当事人递送说明书副本一份。调解员可要求每一方当事人就其立场以及说明其立场的事实和理由提交一份更深入的书面陈述书,并附上该当事人认为适当的任何文件和其他证据。在调解程序的任何阶段,调解员可以要求一方当事人递交他认为适当的补充材料。

在调解的任何阶段,调解员可以提出解决争议的建议。这种建议可以不

---

① "一带一路"国际商事调解中心,http://www.bnrmediation.com/Home/Center/index/aid/150.html,最后访问日期:2020年3月18日。

② 参见《联合国国际贸易法委员会调解规则》。

用书面提出,也可以不说明理由。

(四)调解的结束

调解程序在下列情况下终止:(1)双方当事人签署了解决争端协议,则调解程序从协议签署之日起终止。(2)调解员在同双方当事人协商后,发表书面声明,宣布继续进行调解已无意义,则调解程序从声明发表之日起终止。(3)双方当事人向调解员发出书面声明,宣布终止调解程序,则调解程序从声明发表之日起终止。(4)一方当事人向他方当事人,如已任命调解员者则并向调解员发出书面声明,宣布终止调解程序,则调解程序从声明发表之日起终止。

三、和解协议的签署和执行

在国际经济贸易争议调解中,由于有专业背景的第三方主持,一般来讲纠纷双方达成的和解协议通常会比较规范。但是和解协议多是作为当事人之间的契约处理的,[1]本身并不具备强制执行力,这从根本上阻碍了调解在国际经济贸易争议解决中发挥应有的作用。如果在一个国家作出的和解协议需要到另一个国家执行,然而该国并不认为和解协议具有强制执行力的话,当事人势必得不到公平的结果。因此,国际社会越来越需要一份类似于《纽约公约》的国际文件来引导各国经济贸易争议调解的立法工作,使得和解协议能够在各国国内和域外顺利执行,《新加坡调解公约》正是在这样的背景下产生的。

《新加坡调解公约》于 2019 年 8 月 7 日在新加坡开放签署,中国、美国、印度、韩国以及包括东盟国家在内的 46 个国家(地区)已经作为首批国家地区签署了该公约。《新加坡调解公约》仅适用于"商事争议"[2],即排除了用于个人或家庭目的商业活动引起的争议(即消费者争议)。商事争议也不包括涉及家事(婚姻)法、遗产继承法或劳动法的争议。此外,《新加坡调解公约》仅适用于国际调解。国际调解要求在当事人通过调解签订和解协议时,至少有两方当事人的经营地(常住地)不在同一个国家内,当事人的经营地(常住地)与和解协议主要履行地不为同一国,或者当事人的经营地(常住地)与和解协议标的物所在地不为同一国。

《新加坡调解公约》排除了在以下情况下适用:未通过调解而自行协商谈

---

[1]　祁壮:《"一带一路"建设中的国际商事调解和解问题研究》,《中州学刊》2017 年第 11 期。

[2]　参见《新加坡公约》第一条。

判签订的和解协议、在诉讼程序中签订,并被法院所在国视为诉讼判决执行的调解和解协议;被视为仲裁裁决执行的调解和解协议。①

《新加坡调解公约》的成员方根据公约的规定应当设立相关法律法规,对符合《新加坡调解公约》适用条件的和解协议予以执行。《新加坡调解公约》确立了经调解后的商事和解协议在缔约方间产生的强制执行力,从而在全球范围内构建起司法执行和解协议的法律框架,是一部促进和规范国际商事主体(即企业和个人)运用调解手段解决跨境贸易纠纷的重要法律文件。② 对于中国来说,《新加坡调解公约》的签订不仅为国内法律发展提供了强大的助推力,也将增加中国在国际上商务活动中的影响力,进一步保护了中国企业或个人在跨境商务活动中的合法权利。对于企业与个人而言,其应当通过各种渠道充分了解调解的概念,了解《新加坡调解公约》,了解如何利用该公约维护自己的权利。

四、调解的意义

在国际经济贸易争议解决领域中,调解一直具有独特价值与优势。在经济全球化和产业精细化的宏观背景下,许多国际商事交往具有长期性、稳定性等特点,汽车制造业、飞机制造业这类供应链庞大复杂、遍布全球的行业尤其如此。③ 诉讼和仲裁总有胜方,但从维护当事人商业信誉和降低潜在成本的角度考虑,锱铢必较的裁判可能使双方当事人都成为败方。④ 在诉讼旷日持久、耗费巨大,且仲裁日益呈现司法化⑤趋势的情形下,调解无疑能更好地回应争议当事人友好解决争议、维护长期良好关系的诉求,同时也能在弥合跨文化冲突和处理多边争议等诉讼和仲裁难以妥善处理的问题上展现更高的争议解决效率。

调解作为解决国际经济贸易纠纷的一种重要方式,具有高效性、灵活性、保密性、自愿性等独特价值。调解相比协商更具有专业性和中立性;相比仲裁和诉讼,又具有程序简便、费用相对较低、气氛缓和等优势,日益受到国际贸易

① 参见《新加坡公约》第一条第二款。
② 叶强:《〈新加坡公约〉用调解精神维护多边主义》,http://chinawto. mofcom. gov. cn/article/ap/tansuosikao/201909/20190902900474. shtml,最后访问日期:2020 年 3 月 18 日。
③ 陈铭龙:《〈新加坡调解公约〉视角下国际和解协议的执行》《研究生法学》2019 年第 4 期。
④ 何贵才:《涉外商事调解案例评析》,北京:光明日报出版社,2013 年,第 45 页。
⑤ 于湛旻:《国际商事仲裁司法化问题研究》,北京:法律出版社,2017 年,第 18 页。

当事人的重视。

第三节　仲　裁

仲裁是指根据国际经济贸易合同双方当事人达成的仲裁协议,自愿把争议交付仲裁(包括机构仲裁和临时仲裁)并受仲裁裁决约束的纠纷解决方式。国际经济贸易合同的双方当事人一旦选定以仲裁作为纠纷解决的方式,某一特定的仲裁机构(或临时仲裁庭)就取得对协议项下的案件的管辖权;同时,仲裁协议也是排除法院对该特定案件实施管辖的主要抗辩理由。除非法律另有规定,仲裁裁决具有终局性,一旦作出即对争议双方具有约束力。仲裁具有充分自治、程序简便、信息保密等特点,在国际经济贸易中被广泛采用。相比协商和调解,仲裁具有专业性更强、可执行性更高的优点;相比诉讼,仲裁具有一裁终局的效力优势,同时《承认及执行外国仲裁裁决公约》(又称《纽约公约》)赋予了仲裁裁决在全球范围内的可执行性。

一、仲裁风险

第一,仲裁协议约定不明,导致仲裁协议被认定无效。仲裁协议有两种表现形式:合同中的仲裁条款和专门的仲裁协议书。合同中的仲裁条款是合同双方当事人在争议发生之前订立的将合同履行过程中可能发生的争议提交仲裁裁决的协议。它是当事人之间在争议发生之前所达成将争议提交仲裁解决的约定,是合同中的一个条款。[①] 而仲裁协议书是当事人之间订立的将已经发生的或可能发生的争议提交仲裁解决的单独协议。此外,需要注意的是,仲裁条款和仲裁协议书可独立于它所依据的合同,即使一方当事人称合同是通过欺诈方式订立或合同无效,均不影响仲裁条款的效力。《中华人民共和国仲裁法》第十九条规定:"仲裁协议独立存在,合同的变更、解除、终止或者无效,不影响仲裁协议的效力。"《中华人民共和国民法典》第五百零七条规定:"合同不生效、无效、被撤销或者终止的,不影响合同中有关解决争议方法的条款的效力。"

需要注意的是,《最高人民法院关于审理仲裁司法审查案件若干问题的规

---

① 　余劲松、吴志攀:《国际经济法》,北京:北京大学出版社,2014 年,第 586 页。

定》第十三条规定:"当事人协议选择确认涉外仲裁协议效力适用的法律,应当作出明确的意思表示,仅约定合同适用的法律,不能作为确认合同中仲裁条款效力适用的法律。"对涉外仲裁协议的效力审查,适用当事人约定的法律;当事人没有约定适用的法律但约定了仲裁地的,适用仲裁地法律;没有约定适用的法律也没有约定仲裁地或者仲裁地约定不明的,适用法院地法律。①

我国法院在适用国内法审查仲裁协议的效力时,无论是合同中的仲裁条款还是当事人之间就已经发生的争议订立的单独的仲裁协议书,都必须包括以下基本内容:(1)将争议提交仲裁解决的意思表示;(2)提交仲裁的事项;(3)仲裁庭的组成或仲裁机构。② 但在实践中,合同当事人对仲裁协议相关内容约定不明涉及多种情形:有的对仲裁机构约定不明确,有的对仲裁事项约定不明,有的对仲裁裁决的效力终局性约定不明等。根据《中华人民共和国仲裁法》的规定,③有效的仲裁协议必须约定明确的仲裁机构,如果仲裁协议仅约定了仲裁地点而未约定仲裁机构,或者约定的仲裁机构不存在,或者选定两个以上仲裁机构的,或者既约定仲裁又约定诉讼的,仲裁协议均有可能被认定无效。在一些合同中,我们经常看到当事人只约定了某地的仲裁机构,却没有具体写明仲裁机构名称的情况,如"由石家庄的仲裁机构仲裁""在石家庄仲裁"。针对该种情况,《最高人民法院关于适用〈中华人民共和国仲裁法〉若干问题的解释》第六条规定:"仲裁协议约定由某地的仲裁机构仲裁且该地只有一个仲裁机构的,该仲裁机构视为约定的仲裁机构。该地有两个以上仲裁机构的,当事人可以协议选择其中的一个仲裁机构申请仲裁;当事人不能就仲裁机构选择达成一致的,仲裁协议无效。"

综上,国内企业在国际经济贸易合同中约定争议由国外仲裁机构进行仲裁时更应引起重视,仲裁机构约定不明可能导致纠纷无法由预期的仲裁机构进行仲裁的后果。

第二,境外仲裁耗时长且费用高。主要仲裁中心的具体情况如表 6-1 所示。

---

① 参见《最高人民法院关于适用〈中华人民共和国仲裁法〉若干问题的解释》第十六条。

② 余劲松,吴志攀:《国际经济法》,北京:北京大学出版社,2014 年,第 586 页。

③ 参见《中华人民共和国仲裁法》第十八条。

表 6-1　主要仲裁中心的情况

仲裁中心	仲裁平均时长	平均仲裁费用	仲裁裁决期限
中国国际经济贸易仲裁委员会（CIETAC）	—	—	仲裁庭应当在仲裁庭组成后 6 个月内作出裁决书。①
香港国际仲裁中心（HKIAC）（2013 年 11 月 1 日至 2019 年 5 月 31 日间裁决案件）	6.9 个月	137332 美元	宣布审理终结后，仲裁庭应通知 HKIAC 和当事人预计向当事人传送裁决的日期。裁决不得晚于仲裁庭宣布整个仲裁程序或其任何阶段（如适用）审理终结之日后的三个月内作出。该期限可经当事人同意后延长或在适当情况下由 HKIAC 延长。②
斯德哥尔摩商会仲裁院（SCC）（2007 年至 2014 年间裁决案件）	独任仲裁员：10.3 个月；三名仲裁员：15.8 个月	独任仲裁员：33096 欧元；三名仲裁员：167021 欧元	最终裁决应当在不迟于案件根据第二十二条规定移交仲裁庭之日起六个月内作出。理事会基于仲裁庭合理的请求或者认为另有必要，可以延长该时限。③
新加坡国际仲裁中心（SIAC）（2013 年 4 月 1 日至 2016 年 7 月 31 日期间裁决案件）	13.8 个月	80337 美元	在仲裁庭作出任何裁决之前，应当将裁决书草案提交主簿。仲裁庭应当在宣布审理程序终结之日起四十五天内，向主簿提交裁决书草案，但主簿同意延期或者当事人对裁决期限另有约定的除外。④
伦敦国际仲裁中心（LCIA）（2013 年至 2016 年期间裁决案件）	16 个月	97000 美元	—

　　一是境外仲裁耗时漫长。与诉讼相比，虽然仲裁通常没有上诉程序，且程

---

①　参见《中国国际经济贸易仲裁委员会仲裁规则》第四十八条第二款。
②　参见《香港国际仲裁中心规则》第 31.2 条。
③　参见《斯德哥尔摩商会仲裁院仲裁规则》第四十三条。
④　参见《新加坡国际仲裁中心仲裁规则》第 32.3 条。

序相对比较快捷,但是仍不能否认境外仲裁也会耗费相当长的时间。从表 6-1 可以看出,境外仲裁平均耗时在一年以上。境外仲裁程序之所以冗长,主要是由于其中存在大量的程序性争议点。境外仲裁通常使用仲裁地程序法,而这些法律一般属于普通法系或受到普通法的深刻影响,因而十分重视程序问题。在这种情况下,当事人经常为程序事项发生争议并多次交换辩论意见,因而拖延了仲裁程序。此外,当事人不仅要因境外仲裁程序本身耗费较长的时间,还需要等待漫长的周期才能使仲裁裁决获得相应国家法院的承认与执行。根据《纽约公约》和《中华人民共和国民事诉讼法》的相关规定,当事人在取得有利的仲裁裁决后,如果要在中国法院申请承认和执行,还需要对仲裁裁决、包含仲裁条款的合同等进行公证、认证并翻译成中文。而这一工作需要两个月左右的时间。

二是境外仲裁费用高。有的国际经济贸易合同约定争议由境外仲裁机构进行仲裁,如在新加坡、伦敦、瑞士等。一旦发生纠纷,对国内企业而言,赴境外参加仲裁将产生高额费用。有的国内企业在签订国际经济贸易合同时,应外商要求选择了境外仲裁作为纠纷解决方式,但对境外仲裁的规则、程序、费用等缺乏了解,较为被动。大部分仲裁机构根据仲裁庭花费的时间来收取费用,有的仲裁机构,例如国际商会仲裁院会根据案件标的、案件复杂程度、仲裁员的勤勉程度等确定仲裁员的报酬。但中国国际经济贸易仲裁委员会则根据争议金额确定案件受理费、处理费和仲裁费用,因此,当事人能够提前了解在中国国际经济贸易仲裁委员会进行仲裁的费用。但是,由于境外仲裁机构大部分采用按小时收费的方式,当事人对于仲裁费用就很难估算。如果仲裁庭开庭审理,国内企业还要为应诉聘请熟悉仲裁规则及合同准据法的律师,有时还要安排证人赴境外作证,仲裁成本非常高昂。特别是在英国进行仲裁,当事人不仅需要通过中国律师联系境外律师,通常还需要聘请仲裁领域经验丰富、收费较高的出庭律师与中国律师相互配合,由此一来,境外仲裁的费用就颇为高昂了。

三是境外仲裁败诉率较高,赔偿金额巨大。从国际贸易纠纷仲裁解决的实践看,在纠纷发生后,有的国内企业由于无财力和能力赴境外仲裁应诉,导致败诉;有的国内企业虽然支付了高昂的费用赴境外仲裁应诉,但与欧美国家的外商进行的仲裁大部分以失利告终。究其原因:(1)国际经济贸易合同中约定争议解决适用域外法,即以该域外法为准据法,但国内企业实际上并不了解该域外法,导致在合同履行过程中自身存在违反该域外法的情形或者在外商有违反该域外法情形时未保留相应证据。（2）有的国内企业为节约应诉成本，未聘请熟悉仲裁规则及合同准据法的专业律师，导致所作的陈述、答辩、举证等未能触及双方争议的核心问题或专业问题。另外，由于仲裁适用的一些国外准据法允许惩罚性赔偿，境外仲裁庭根据该准据法作出的裁决所确定的赔偿金额远远高于国内，高额赔偿的案例并不鲜见。如法国 X 公司与浙江 Y 公司仲裁案中，双方的技术许可协议约定的相应许可费总共约为 500 万美元，法国 X 公司在新加坡提起仲裁，新加坡国际仲裁中心最终裁定浙江 Y 公司赔付法国 X 公司技术使用费、赔偿金等 3600 万美元。

二、防范措施

第一，制定明确、具体的仲裁条款或仲裁协议。无论是合同中的仲裁条款还是仲裁协议，一般应当包括以下三项内容：一是请求仲裁的意思表示，这是仲裁协议最为重要的内容，如果缺乏此项约定，便不可能有仲裁的发生。二是提交仲裁的事项，也就是将什么样的争议提交仲裁解决，这是对仲裁庭管辖权作出界定的依据。如果仲裁庭裁决的事项超出了该项协议的范围，则超出协议约定范围所作的裁决就不能得到法院的承认和执行。如香港国际仲裁中心的仲裁示范条款规定："凡因本合同所引起或与之相关的任何争议、纠纷、分歧或索赔，包括合同的存在、效力、解释、履行、违反或终止，或因本合同引起的或与之相关的任何非合同性争议，均应提交由香港国际仲裁中心管理的仲裁，并按照提交仲裁通知时有效的《香港国际仲裁中心机构仲裁规则》最终解决。"三是选定的仲裁机构。著名的国际贸易法专家施米托夫教授在《有缺陷的仲裁条款》中指出："即使是最拙劣的仲裁条款，也应包括两方面的内容：将争议提交仲裁解决和由谁来充当仲裁员。"[①]这里说的负责解决争议的仲裁庭，包括临时仲裁庭和常设机构仲裁庭。国内外许多仲裁机构也都制定了示范仲裁条款，国内企业可以到仲裁机构官方网站查询并在仲裁条款或仲裁协议中援引，如中国国际经济贸易仲裁委员会推荐的仲裁条款是："凡因本合同引起的或与本合同有关的任何争议，均应提交中国国际经济贸易仲裁委员会，按照申请仲裁时该会现行有效的仲裁规则进行仲裁。仲裁裁决是终局的，对双方均有约束力。"在示范仲裁条款的基础上，还可以附加约定仲裁适用法律、仲裁员国籍、人数及选择

---

① 　施米托夫：《国际贸易法文选》，赵秀文选译，北京：中国大百科全书出版社，1993 年，第614 页。

方法、适用普通程序或简易程序、仲裁地点、仲裁语言、开庭地点等内容。

以美国 M 有限公司与湖北 G 大学签署的《技术开发(委托)合同》中的仲裁解决合同争议条款为例，①双方在合同第七条约定"双方因履行本合同而发生的争议，应双方协商解决，调解不成的，确定提交仲裁委员会仲裁解决"。M公司认为其与湖北 G 大学签订的《技术开发(委托)合同》中约定的仲裁条款无效，理由是双方没有约定具体的仲裁机构，属约定不明。湖北省武汉市中级人民法院认为，M 公司与湖北 G 大学在《技术开发(委托)合同》中对争议解决方式的约定虽有仲裁的意思表示，但未约定具体仲裁机构的名称，属约定不明，且双方也未对此达成补充协议。根据《中华人民共和国仲裁法》第十八条的规定："仲裁协议对仲裁事项或者仲裁委员会没有约定或者约定不明确的，当事人可以补充协议；达不成补充协议的，仲裁协议无效。"

又如，在 H 公司与北京 M 公司买卖合同纠纷的二审民事裁定②中，广东省高级人民法院认为，根据 M 公司与美国 H 公司于 2011 年 11 月 1 日签订的《经销协议》，双方约定该协议有效期为五年。但双方于 2014 年 6 月 18 日即另行签订《区域经销协议》，就经销事项重新进行约定。因此，双方以《区域经销协议》取代了在先签订的《经销协议》，相关事项的约定包括争议解决方式应以在后签订的《区域经销协议》为依据。《区域经销协议》第十八条约定"本合同受中华人民共和国法律管辖并按其进行解释。因履行本合同引起的或与本合同有关的争议，双方应首先通过友好协商解决，如果协商不能解决争议，则采取以下第(1)种方式解决争议：(1)提交香港仲裁委员会仲裁"。由于香港的仲裁机构不是仅有一个，因此，根据《最高人民法院关于适用〈中华人民共和国仲裁法〉若干问题的解释》第六条"仲裁协议约定由某地的仲裁机构仲裁且该地仅有一个仲裁机构的，该仲裁机构视为约定的仲裁机构。该地有两个以上仲裁机构的，当事人可以协议选择其中的一个仲裁机构申请仲裁；当事人不能就仲裁机构选择达成一致的，仲裁协议无效"的规定，在本案双方已无法进一步就仲裁机构选择达成一致的情形下，《区域经销协议》中的仲裁协议无效。

第二，尽量选择机构仲裁，避免约定临时仲裁。依据仲裁机构的组织形式划分，商事仲裁可分为机构仲裁和临时仲裁。机构仲裁又称常设仲裁，是指由常设仲裁机构所进行的仲裁，有自己的组织章程、仲裁规则、办事机构管理制

---

① 湖北省武汉市中级人民法院(2016)鄂 01 民特 110 号民事裁定书。

② 广东省高级人民法院(2017)粤民辖终 651 号民事裁定书。

度等,如中国国际经济贸易仲裁委员会、香港国际仲裁中心和新加坡国际仲裁中心等。在国际商事仲裁实践中,一些重大的仲裁案件一般均由常设仲裁机构仲裁解决。临时仲裁是指依据当事人之间的仲裁协议,在争议发生后,由双方当事人推选仲裁员临时组成仲裁庭进行仲裁,该仲裁庭仅负责审理本案,并在审理终结作出裁决后自行解散。临时仲裁虽然在程序上比较灵活,在一定条件下可提高工作效率和节省仲裁费用,但是,国内企业在签订国际经济贸易合同或者纠纷发生后协商仲裁时,应尽量选择机构仲裁,避免约定临时仲裁。机构仲裁与临时仲裁相比,具有诸多优点,如机构仲裁的仲裁规则具有科学性、普遍性;仲裁员具有较高的专业水准;仲裁费用有明文规定;等等。

第三,谨慎选择仲裁机构。国内企业在选定仲裁机构仲裁时,要注意以下几点:一是对仲裁机构的名称表述应当准确、规范,避免歧义。二是力争选择我国的常设仲裁机构,如中国国际经济贸易仲裁委员会等。如果外商坚持不同意由我国仲裁机构仲裁的,一般也不要选择外商所在国家的仲裁机构,最好在基于签证可获得性的基础上选择第三国的仲裁机构进行仲裁,这样对双方当事人相对公平。三是如果选择境外仲裁的,尽量选择在国际上有一定知名度、声誉良好的常设仲裁机构,如国际商会仲裁院(ICCICA)、香港国际仲裁中心、伦敦国际仲裁院、斯德哥尔摩商会仲裁院和新加坡国际仲裁中心。除中国国际经济贸易仲裁委员会外,近年来国内企业还经常选择具有地理位置优势和国际化视野的新加坡国际仲裁中心和香港国际仲裁中心。涉及专业性争议事项的,还可以选择著名的专业性仲裁机构,如伦敦油籽协会、伦敦谷物商业协会等组织设立的仲裁机构。

第四,选择合适的仲裁地对于仲裁程序的顺利进行以及裁决的执行起到至关重要的作用。对于国内企业,通常情况下建议尽量选择中国作为仲裁地,毕竟无论是律师还是客户都对中国法律更为熟悉,能避免产生不必要的问题。然而谈判过程中,双方的谈判力不一可能会导致双方地位悬殊,国内企业不可能永远都争取到有利的位置。在无法选择中国作为仲裁地的时候,当事人选择仲裁地的时候应该考虑以下因素以便仲裁程序顺利进行。[①]

一是《纽约公约》。《纽约公约》是关于承认和执行外国仲裁裁决的国际公

---

① 蔡滢炜:《国际仲裁中仲裁地选择之解读》,http://jtnfa.com/EN/booksdetail.aspx? type=06001&keyid=00000000000000003903&PageUrl=majorbook&getPageUrl=booksdetail&Lan=CN,最后访问日期:2020年3月13日。

约,截至 2021 年 3 月已有 168 个缔约方。如果一个仲裁裁决在《纽约公约》的缔约方作出,那么该裁决在其他缔约方可以得到承认和执行。中国早在 1956 年便加入了该公约。如果仲裁地位于非缔约方,则中国人民法院无法依据该公约承认和执行相关裁决。

二是撤销仲裁裁决的标准。如前所述,不同国家对撤销仲裁裁决有不同的标准。例如,如果当事人欲选择临时仲裁,则仲裁地就不应选在中国内地(而香港支持临时仲裁),因为《中华人民共和国仲裁法》目前仅支持机构仲裁而不支持临时仲裁,该仲裁裁决存在被撤销的风险。但是,在自贸试验区内注册的企业约定临时仲裁的,中国人民法院可以认定仲裁协议有效。①

三是仲裁员的资格要求。不同国家的法律对仲裁员的资格作出了不同的要求。例如《中华人民共和国仲裁法》规定了仲裁员的资格。② 实践中当事人选择的仲裁员的国籍一般与仲裁地一致,否则可能会面临仲裁员无法运用相关法律或者对相关法律不熟悉的情况。

四是仲裁地的程序法和合同的实体法。某些仲裁地的仲裁法对程序细节作出了相当多规定,例如法律的选择、时效、保密、证据披露、临时措施、仲裁的合并等事项。如果当事人不另行约定,则仲裁地的仲裁法中关于程序的规定适用于仲裁程序。例如,仲裁地在英国且适用英国实体法的仲裁程序会涉及大量证据披露和交叉询问,而仲裁地在瑞士且适用瑞士实体法的仲裁程序在上述方面就会简单得多。

五是便捷性和成本。尽管在理论上当事人可以约定到仲裁地之外的国家开庭,一般而言,开庭地即为仲裁地。但是如果仲裁地地理位置较远、交通不便或者设施(酒店、会议室、配套设施)昂贵,当事人无疑要为此付出更多的时间和金钱。

第四节 诉 讼

诉讼是指国际经济贸易合同纠纷的一方当事人将争议提交某一国家的法院予以审理并作出裁判的争议解决方式。由于诉讼是一国司法机构依照相关法律规定进行审理的司法行为,与和解、调解、仲裁等其他解决纠纷的方式相比,具有

---

① 参见《最高人民法院关于为自由贸易试验区建设提供司法保障的意见》第九条第三款。
② 参见《中华人民共和国仲裁法》第十三条。

最强的权威性与公信力,处理过程具有完善的程序保障,审理标准相对统一,有助于当事人对处理结果形成合理预期,但通过诉讼解决纠纷也存在一定风险。

一、诉讼风险

第一,法院管辖权冲突。在国际领域中,各国皆有权对涉及本国因素的案件进行管辖,除应适用强行性规则或当事人意思自治的情况外,皆有权在管辖时适用国内法进行审判。各国法律相互独立,不受他国干预。在确定管辖时,当事人的国籍、经常居所地、营业地,民事法律行为发生地、结果地,法院所在地,当事人合意选择地等,都可能在具体案件中成为确定一国法院管辖权的要件。但实践中,因为各国的涉外民事关系法律适用法不可能完全相同,且对法律关系进行定性时也可能因为各国法律规定的差异,而出现赋予同一事实以不同法律性质,把同类法律内容归结到实体法或程序法等相异的法律部门等问题,[①]产生识别冲突。

第二,案件审理周期较长且存在不确定性。由于国际经济贸易合同纠纷属于涉外民商事案件,与普通民商事案件相比,案件的审理期限更长。比如中国国内民商事案件的审理期限,适用普通程序一审一般为六个月,[②]二审一般为三个月,[③]对裁定的上诉案件审理期限为三十天,而涉外民商事案件的审理期限则明确规定不受前述期限的限制。[④] 而如果在域外进行诉讼,则审理周期存在更大的不确定性。如在缅甸进行诉讼时,由于当地法律体系相对不完善,在某些领域存在法律规定过时或缺失,现行法律缺少细则规定或可执行性不强等问题,在缅甸的诉讼程序耗时长。涉外民商事案件审理周期长主要因为以下几点:一是司法文书送达程序较为复杂,可能需要通过《关于向国外送达民事或商事司法文书和司法外文书公约》(简称《海牙送达公约》)规定的途径、双边民商事司法协助条约规定的途径、外交途径、使领馆途径及邮寄、公告等途径送达,或同时使用几种途径送达。况且,即使当事人所在国皆为《海牙送达公约》缔约方,在适用公约进行涉外民商事案件司法文书送达时,一般需要通过"中级或基层人民法院—高级人民法院—最高人民法院—司法部—成员国中央机关"等环节。虽然最高人民法院在 2003 年发布《最高人民法院关于

---

① 林燕萍:《国际私法案例评析》,北京:北京大学出版社,2007 年,第 2 页。
② 参见《中华人民共和国民事诉讼法》第一百五十二条。
③ 参见《中华人民共和国民事诉讼法》第一百八十三条。
④ 参见《中华人民共和国民事诉讼法》第二百七十七条。

指定北京市、上海市、广东省、浙江省、江苏省高级人民法院依据海牙送达公约和海牙取证公约直接向外国中央机关提出和转递司法协助请求和相关材料的通知》，规定北京市、上海市、广东省、浙江省、江苏省高级人民法院可以直接对公约成员国中央机关提出和转递司法协助请求书和相关材料，较大程度上简化了文书送达的程序。但是，上述通知仅适用于五个高级人民法院，而不适用其他地区的法院。以外国委托我国法院协助送达涉外民商事案件司法文书为例，一般仍需要按照下述程序进行（见图6-1）。

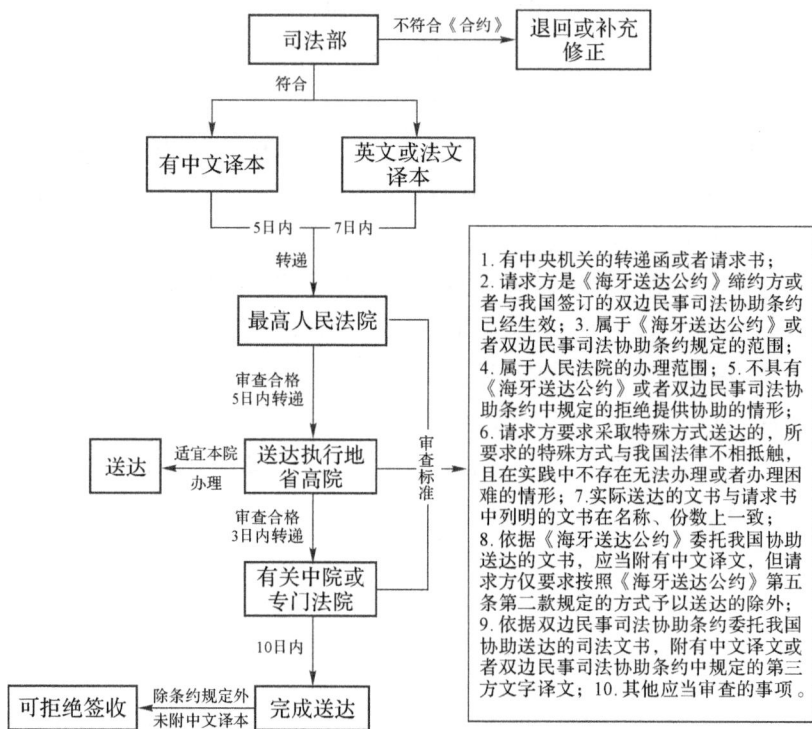

图6-1　涉外民商事案件司法文书送达程序①

---

① 图6-1根据《关于向国外送达民事或商事司法文书和司法外文书公约》《司法部、最高人民法院、外交部关于印发〈关于执行海牙送达公约的实施办法〉的通知》《最高人民法院关于依据国际公约和双边司法协助条约办理民商事案件司法文书送达和调查取证司法协助请求的规定》和《最高人民法院印发〈关于依据国际公约和双边司法协助条约办理民商事案件司法文书送达和调查取证司法协助请求的规定实施细则（试行）〉的通知》等法律法规整理而成。

此外，需要说明的是，大部分《海牙送达公约》的缔约方在加入《海牙送达公约》时，对公约中的部分条款作出了保留或声明决定。如我国对该公约第八条和第十条作出保留，对第五条、第十五条和第十六条作出声明。

根据我国对《海牙送达公约》第八条作出的保留决定，其他缔约国不得直接通过外交或领事代表机构直接向我国国民送交司法文书。相应地，我国不得直接通过外交或领事代表机构向身在国外的外国人完成送达。但是这并不妨碍我国人民法院按照《关于我国法院和外国法院通过外交途径相互委托送达法律文书若干问题的通知》的规定程序通过外交途径方式向缔约国所属自然人或企业组织送达。同时，根据规定，外国驻华使馆只要按照通知的流程办理送达（由该国驻华使馆将法律文书交外交部领事司转递给有关高级人民法院，再由该高级人民法院指定有关中级人民法院送达给当事人），还是许可的。

根据我国对《海牙送达公约》第十条作出的保留决定，其他缔约国向我国国民送交司法文书，不得通过邮寄途径直接送达，或由文书发出国的司法助理人员、官员或其他主管人员直接通过送达目的地国的司法助理人员、官员或其他主管人员完成司法文书的送达，或由任何在司法程序中有利害关系的人直接通过送达目的地国的司法助理人员、官员或其他主管人员完成司法文书的送达。

二是涉外民商事案件需要从国外调取证据时，即使当事人所在国均为《海牙取证公约》的缔约方，在适用公约委托外国法院协助涉外民商事案件调查取证时，一般仍需要经过烦琐的程序并准备大量文件的翻译件。根据海牙国际私法会议2013年问卷调查的反馈结果，38％的国家的执行取证请求在2个月内完成，18％在2—4个月内完成，5％在5—6个月内完成，17％在7—12个月内完成。[①] 如上文所述，虽然最高人民法院在2003年发布的《最高人民法院关于指定北京市、上海市、广东省、浙江省、江苏省高级人民法院依据海牙送达公约和海牙取证公约直接向外国中央机关提出和转递司法协助请求和相关材料的通知》规定，北京市、上海市、广东省、浙江省、江苏省高级人民法院可以直接向《海牙取证公约》缔约方中接受我国加入并且该公约已在我国与该国之间生效的缔约方中央机关提出和转递本院及下级人民法院依据《海牙取证公约》提出的涉外民事调查取证的请求书及相关材料，但无权直接从外国中央机关接

---

① 李智颖：《域外调查取证难在哪儿？海牙公约中方联系人告诉你》，https://mp.weixin.qq.com/s/gmjKW11ffmgcKW_WMAYFoQ，最后访问日期：2020年3月18日。

收申请书。同时,除上述五个高级法院外,其他法院仍需要经历各层级审核。以我国法院委托外国法院协助进行涉外民商事案件调查取证为例,一般应按下述程序和要求办理。司法部收到申请书后,会将其发给中国最高人民法院审批,这大约需要 6—12 个月。如果申请被批准,将转至下级法院执行(见图 6-2)。

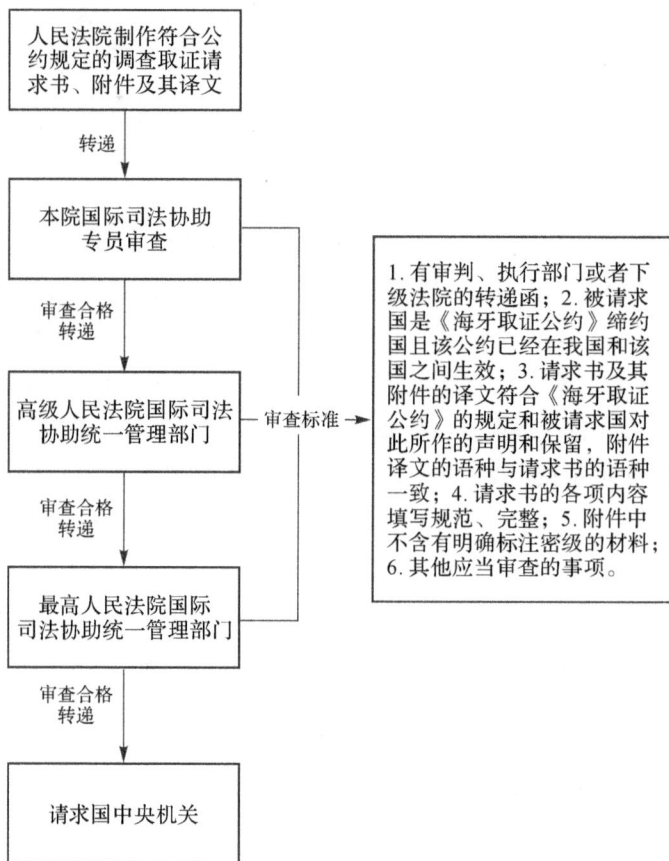

图 6-2　我国法院委托外国法院协助进行涉外民商事案件调查的取证程序

三是某些当事人可能利用诉讼技巧,利用国与国之间地理阻隔所带来的时间差与信息不对称,不及时进行起诉应诉、调查取证、出庭等活动,恶意拖延诉讼,妨碍涉外案件及时审结。

第三,诉讼成本较高。在国际经济贸易合同纠纷案件诉讼中,可能产生聘请境外律师费用(通常需要同时聘请境内外律师)、翻译费用、域外调查取证费用、公证认证费用等费用,相比国内一般诉讼而言,诉讼成本较高。

第四,民商事判决在境外承认和执行困难。由于涉外民商事判决的承认和执行涉及一国司法主权,一国作出的民商事判决并不当然具有域外效力,须经该国家或地区司法审查,有可能存在不被承认和执行的情形。同时,法院判决相较于仲裁裁决而言具有更强的司法效力与约束力,各国在对待域外判决的承认和执行时的态度更加审慎。2019 年 7 月 2 日,在海牙国际私法会议第22 届外交大会闭幕式上通过和签署了《承认和执行外国民商事判决公约》(以下简称《执行公约》),大会副主席、中国代表团团长、中国驻荷兰大使徐宏签署了该公约。《执行公约》的主要条例与《纽约公约》相似,其要求缔约国在除了特定明确排除的情形之外,原则上互相承认和执行其他缔约国法院作出的民商事判决,以减少跨境的诉讼成本,提升各缔约国之间司法体系的便利性。[①]尽管在此次海牙国际私法会议外交大会上,包括中国在内的数十个国家的代表确认了《执行公约》的文本,但这仅意味着该公约的条款得到海牙国际私法会议的确认。[②] 但是,《执行公约》还未真正生效,尚待各国基于对《执行公约》的整体考量,并根据其国内法程序赋予其法律效力。 就中国而言,从程序上看,该公约除了签署外,还需要由国务院提请全国人民代表大会常务委员会决定批准,再由国家主席根据人大常委会决定予以批准。[③]

因此,在《执行公约》未生效之前,国内企业即使通过诉讼途径在国内外取得胜诉,胜诉判决无论在境内还是境外要想获得承认和执行,仍然需要根据国家之间缔结的国际条约或互惠原则。以我国承认和执行外国判决为例,《中华人民共和国民事诉讼法》第二百八十八条规定:"外国法院作出的发生法律效力的判决、裁定,需要中华人民共和国人民法院承认和执行的,可以由当事人直接向中华人民共和国有管辖权的中级人民法院申请承认和执行,也可以由外国法院依照该国与中华人民共和国缔结或者参加的国际条约的规定,或者按照互惠原则,请求人民法院承认和执行。"第二百八十九条进一步规定:"人民法院对申请或者请求承认和执行的外国法院作出的发生法律效力的判决、裁定,依照中华人民共和国缔结或者参加的国际条约,或者按照互惠原则进行

---

① 狄青、龚稣尼、黄敏达:简析《承认和执行外国民商事判决公约》,http://www.junhe.com/legal-updates/971,最后访问日期:2021 年 9 月 22 日。

② 狄青、龚稣尼、黄敏达:简析《承认和执行外国民商事判决公约》,http://www.junhe.com/legal-updates/971,最后访问日期:2021 年 9 月 22 日。

③ 参见《中华人民共和国缔结条约程序法》第七条第三款。

审查后,认为不违反中华人民共和国法律的基本原则或者国家主权、安全、社会公共利益的,裁定承认其效力,需要执行的,发出执行令,依照本法的有关规定执行。违反中华人民共和国法律的基本原则或者国家主权、安全、社会公共利益的,不予承认和执行。"根据上述基本的法律规定,《最高人民法院关于适用〈中华人民共和国民事诉讼法〉的解释》通过第五百四十二、五百四十四、五百四十六及五百四十八条进一步作出了规定。综合来看,人民法院承认和执行外国民商事判决有三项基本条件:(1)我国与外国缔结或参加了承认和执行民商事判决方面的国际条约,或者存在互惠关系;(2)外国民商事判决已经发生法律效力,即为确定判决;(3)承认和执行外国民商事判决不违反法律的基本原则或者国家主权、安全、社会公共利益。

从上述规定看,《中华人民共和国民事诉讼法》对涉外民商事判决的承认和执行制度仅作了原则性规定,具体有赖于国际条约的规定和互惠原则的界定。在司法实践中,我国法院对于承认和执行外国法院的判决,特别是对于互惠原则的适用总体持审慎态度。① 我国承认和执行外国法院判决的主要依据有以下两点。一是我国与外国签订的双边条约或共同参加的国际条约。我国目前已经与 39 个国家签订民事和商事司法协助条约。② 在存在司法条约协助的情形下,条约优先,当事人可以按照条约规定的程序进行承认和执行的申请。但是,我国与经济往来最密切的国家(如美国)之间,并没有签订双边条约。③ 同时,并不是说只要有司法协助条约存在,彼此法院间的判决都可以获得承认和执行,还要看条约中的具体规定。比如,在与韩国的司法协助条约中,仅涉及国家间仲裁裁决的承认和执行,并未对相互承认法院的判决文书作出规定。④ 而针对缔结的国际公约,目前仅有《纽约公约》在我国生效。如上文

---

① 戴月、李天任:《进步与挑战并行——我国承认和执行外国法院判决案件》,https://www.chinalawinsight.com/2017/09/articles/dispute-resolution/%E8%BF%9B%E6%AD%A5%E4%B8%8E%E6%8C%91%E6%88%98%E5%B9%B6%E8%A1%8C—%E6%88%91%E5%9B%BD%E6%89%BF%E8%AE%A4%E4%B8%8E%E6%89%A7%E8%A1%8C%E5%A4%96%E5%9B%BD%E6%B3%95%E9%99%A2%E5%88%A4%E5%86%B3/,最后访问日期:2021 年 9 月 22 日。

② 我国对外缔结司法协助及引渡条约情况,http://www.moj.gov.cn/organization/content/2016-09/29/jlzxxwdt_8358.html,最后访问日期:2021 年 9 月 22 日。

③ 狄青、龚稣尼、黄敏达:简析《承认和执行外国民商事判决公约》,http://www.junhe.com/legal-updates/971,最后访问日期:2020 年 3 月 13 日。

④ 参见《中华人民共和国和大韩民国关于民事和商事司法协助的条款》第三条第(3)项。

分析,《纽约公约》仅适用于国际民商事仲裁裁决而并不涉及涉外民商事判决。因此,只有公约缔约国作出的仲裁裁决才有可能在我国获得承认和执行。

二是互惠原则。与司法协助条约和国际公约相比,互惠原则的标准相对模糊,我国立法并未就互惠原则的适用作出具体规定。一般情况下,互惠原则可以分为法律互惠和事实互惠。[①] 法律互惠是指通过国内法规定,互为承认和执行外国法院判决的条件;事实互惠是指两国不存在条约关系,在本国立法中又未规定互惠原则的情况下,以外国是否有承认和执行本国法院判决的事实为依据,来判定是否承认和执行他国判决。[②] 根据最高人民法院 1995 年 6 月 26 日给辽宁省高级人民法院的《关于我国人民法院应否承认和执行日本国法院具有债权债务内容裁判的复函》[③]以及最高人民法院 2006 年 11 月 28 日给广东省高级人民法院的《申请人弗拉西动力发动机有限公司申请承认和执行澳大利亚法院判决一案的请示复函》可以得出,我国法院在审查两国之间是否存在互惠关系时,采用的是事实互惠原则,即审查中国与法院地国之间是否存在相互承认和执行对方法院判决的先例。如果存在这样的先例,则认为两国之间存在互惠关系,如果不存在这样的先例则认为不存在互惠关系。

但是,2017 年 6 月 8 日,第二届中国—东盟大法官论坛在广西南宁市通过了《南宁声明》。其中,《南宁声明》第七项规定:"区域内的跨境交易和投资需要以各国适当的判决的相互承认和执行机制作为其司法保障。在本国国内法允许的范围内,与会各国法院将善意解释国内法,减少不必要的平行诉讼,考虑适当促进各国民商事判决的相互承认和执行。尚未缔结有关外国民商事判决承认和执行国际条约的国家,在承认和执行对方国家民商事判决的司法程序中,如对方国家的法院不存在以互惠为理由拒绝承认和执行本国民商事判决的先例,在本国国内法允许的范围内,即可推定与对方国家之间存在互惠关系。"该项共识采取推定互惠原则,只要没有证据证明东盟成员国曾以互惠为由拒绝承认和执行中国法院判决的先例,则可推定两国之间存在互惠关系。该项共识推动了互惠原则在司法实践中的新发展,进一步明确了我国法院推

①　马霞:《浅谈外国民商事判决在我国承认与执行的条件》,湖南高院,2016 年 12 月 29 日。

②　马霞:《浅谈外国民商事判决在我国承认与执行的条件》,湖南高院,2016 年 12 月 29 日。

③　苏晓凌:《互惠原则与外国判决的承认和执行——现行立法和实务》,https://mp.weixin.qq.com/s/27nCInFfk1tzez9G2-gIoQ,最后访问日期:2020 年 3 月 17 日。

动扩大国际司法合作、积极促成互惠关系形成的态度。[①]

二、防范措施

第一，在国际货物买卖合同中审慎选择通过法院诉讼途径作为争议解决的方式。在选择之前，建议首先核实双方所在国家（地区）之间是否存在民商事司法协助条约，是否为《海牙送达公约》《海牙取证公约》缔约方，是否在诉讼领域存在互惠关系，对方在我国是否有可供执行的财产，境外签证的可获得性，境外司法的公正性和司法效率等各种因素。

第二，如果选择法院诉讼作为争议解决方式，建议明确约定某一国家法院的排他性管辖权。

第三，在可能的情况下，首先考虑选择我国法院作为管辖法院，但不存在相互承认和执行民商事判决双边条约或互惠原则，或相对方在我国无可供执行财产的除外。

第四，合同中应明确约定通知、送达（包括法院、仲裁庭/仲裁机构送达）的联系方式。如果外商在我国境内有居住场所和工作场所，或者外国企业在我国境内有代表机构的，国内企业应尽可能向法院提供信息，便于法院直接送达相关司法文书，提高送达效率，缩短审理期限。

第五，聘请专业律师（通常需要考虑同时聘请境内外律师）参与诉讼。对于需要应诉的案件，应摆正心态，积极应诉，提交证据材料，提出充分的答辩或抗辩意见，避免因错过应诉答辩或举证等程序上的纰漏而导致败诉。

---

① 张勇健、杨蕾：《司法机关相互承认执行民商事判决的新探索》，《人民司法》2019 年第13 期。

第七章　进出口贸易纠纷的诉讼要点

国际贸易双方当事人发生纠纷后,协商不成,又未达成仲裁协议的,诉讼便成为国内企业维护自身合法权益的救济途径。如何根据法律规定行使自己的诉讼权利,最大限度地保护自身合法权益,减少由于外商违约造成的损失,是国内企业需要考量的重要问题。本章主要介绍几种诉讼临时措施。

临时措施,通常是指司法机构在对确定当事人实体权利的案件事实和法律适用问题进行全面审查并作出最终判决前,因情况紧急,在特定条件下、在特定期限内对权利人采取的临时性救济措施。在我国现行法律制度下,将这种临时措施统称为"保全"。依据《中华人民共和国民事诉讼法》,这些临时措施适用的对象和程序不同,分为财产保全、证据保全、行为保全。

临时措施具有依当事人申请而启动、临时性的特点,国内企业可根据实际情况合理选择,最大限度地维护自己的合法权益。

第一节　财产保全

财产保全,是指人民法院在利害关系人起诉前或者当事人起诉后,为保障将来发生法律效力的判决能够得到执行,对争议的标的物或者当事人的财产,采取限制当事人处分的一种临时性法律保护措施。根据当事人申请保全的时间,财产保全又分为诉前保全和诉讼保全。

实践中,有的外商在我国境内有可供执行的财产,国际贸易纠纷发生后,国内企业应未雨绸缪,在诉讼前或诉讼过程中向人民法院申请对外商在我国境内的财产予以保全,避免不利情形发生。

一、财产保全的申请条件

对于已经起诉或即将起诉的案件的诉讼请求具有财产给付内容,或者确权的标的物可被处分，或者将来的生效判决可能存在不能执行或者难以执行的情形，可申请财产保全。主要包括以下情形：对方当事人有故意转移、毁损、隐匿财物的行为或可能，或者诉讼标的物容易变质、腐烂，如果不及时采取保全措施将会造成更大的损失。

财产保全一般应当由当事人提出书面申请并提供适当担保。人民法院审查当事人提出的财产保全申请时，可以责令申请人提供一定担保。要求提供担保的原因是如果申请财产保全错误，给被申请人造成相应损失的，被申请人可以从申请人提供担保的财产中获得赔偿。申请人不提供担保的，人民法院将裁定驳回申请。

申请诉前保全一般在提起诉讼之前，常因情况紧急，不立即申请财产保全将会使申请人合法权益受到难以弥补的损害。申请人应当在人民法院采取保全措施后三十日内依法提起诉讼，否则法院将解除保全。申请诉讼中财产保全的时间，宜于提起诉讼时一并提出，防止被告转移财产。

二、财产保全的程序

财产保全由当事人提出书面申请，人民法院进行审查后，对符合财产保全条件的依法作出财产保全的裁定，根据裁定采取财产保全措施。情况紧急的，法院必须在四十八小时内作出裁定并开始执行。财产保全措施包括查封、扣押、冻结或者法律规定的其他方法。

财产保全裁定一旦作出立即生效，当事人或者利害关系人可以申请复议一次，但复议期间，人民法院不停止财产保全裁定的执行。

三、财产保全的救济

财产保全作为保障日后判决得以执行的一项有力措施，同时也有可能被对方当事人所滥用，因此国内企业需要知晓救济的方法。依据《中华人民共和国民事诉讼法》第一百零二条规定，保全仅限于申请人请求的范围，或者与本案有关的财物。人民法院一般在保全完毕后将保全情况送达被申请人，被申请人方可依法行使救济权利。

首先，针对保全裁定的复议。当事人对人民法院保全裁定不服，可以向人民法院申请复议一次，复议期间不停止裁定的执行。其次，针对保全行为的异议。当事人、利害关系人认为执行行为违反法律规定的，人民法院应当依据

《中华人民共和国民事诉讼法》第二百二十五条规定审查处理。① 再次,针对保全标的权属的异议。案外人可依据《中华人民共和国民事诉讼法》第二百三十四条对执行标的提出书面异议。② 最后,财产保全申请有错误的,被申请人可要求赔偿因财产保全所遭受的损失。

需要说明的是,在国际贸易纠纷中,国内企业对外商在我国境内的财产申请诉前保全或者诉讼保全,可促使外商主动协商解决争议事项或者对已经提起的诉讼及时应诉,有利于纠纷解决,也有利于案件的审理和执行。因此,国内企业应当重视财产保全,积极寻找外商在我国境内的财产线索,提高财产保全的成功率。

第二节　证据保全

从某种意义上讲,"打官司就是打证据"。国际贸易纠纷发生后,国内企业能否提供充分、有效的证据,直接关系到其诉讼请求或抗辩理由能否得到法院支持。国内企业应用好申请证据保全的权利,对可能灭失或以后难以取得的证据,申请人民法院予以收集或固定。

一、证据保全的申请条件

对于证据可能灭失或今后难以取得的,可申请证据保全。该证据确定存在,但有较为充分的理由表明由于该证据自身的属性,其将产生变化或存在被申请人修改、毁灭证据的可能性。对于申请人因客观原因无法取得或固定证据的,可申请证据保全。通常该类证据保存于政府部门、其他企事业单位、被申请人处,申请人难以通过正常途径取得或接触到。

提出证据保全申请的主体应为案件当事人或者即将提起诉讼的利害关系人。证据保全申请的主体需要提交书面申请。证据保全申请书的内容应当包括:当事人基本情况;证据保全的具体内容、范围、地点、证据持有人姓名或者单位名称、住所地等;申请理由,包括证据可能灭失或者以后难以取得且当事人、利害关系人因客观原因不能自行收集的说明;申请保全证据的证明目的。

---

① 参见《最高人民法院关于人民法院办理财产保全案件若干问题的规定》第二十六条。
② 参见《最高人民法院关于人民法院办理财产保全案件若干问题的规定》等二十七条。

申请保全的证据对被申请人可能产生较大经济影响的,申请人还须缴纳一定数额的保证金。

二、证据保全的程序

证据保全通常由当事人提交书面申请,人民法院进行审查。对于符合条件的诉前证据保全申请,人民法院将在接受申请之日起四十八小时内作出采取保全措施的裁定。

对于符合条件的诉讼中的证据保全申请,人民法院将在收到申请书后五日内作出采取保全措施的裁定。对于不符合法律规定的证据保全申请,人民法院将通知驳回证据保全申请。

需要说明的是,申请人民法院保全的证据仅仅消除了灭失或今后难以取得的可能性,但该证据是否能够证明待证事实或者支持当事人的主张,还在于其本身的证明力。

除了前述由人民法院进行证据保全外,国内企业也可以利用公证保全。公证保全是指为了防止证据以后可能灭失或难以取得,公民、法人或其他组织可向公证机构提出申请,公证机构依据申请按照法定程序对证据加以保存、固定以保证其真实性和证明力的活动。经过公证的证据,其证明力相对较高。

第三节　行为保金

限制出境[①]属于行为保全措施。该措施是指人民法院根据一方当事人的申请,经审查后认为符合相关法律规定的,裁定限制在我国境内的被申请人出境的一种特殊诉讼措施。目前司法实践中,限制出境的措施一般包括实施边控、扣留当事人护照或其他有效证件。边控是目前人民法院限制当事人出境的主要方式,即向公安机关发函,在口岸出入境边防检查工作中控制相关人员出境。限制出境一方面能够促使外商积极应诉,有利于案件审理和争议解决;另一方面,外商败诉后亦能促使其履行民事判决确定的义务,使国内企业的合

---

① 《中华人民共和国民事诉讼法》第二百六十二条规定:"被执行人不履行法律文书确定的义务的,人民法院可以对其采取或者通知有关单位协助采取限制出境,在征信系统记录、通过媒体公布不履行义务信息以及法律规定的其他措施。"

法权益得到保护。

在国际贸易纠纷案件诉讼中,国内企业可以依法向人民法院申请限制外商个人或外商企业的法定代表人、负责人出境。由于限制出境措施对被申请人的出入境自由进行了限制,故适用条件相对严格。根据最高人民法院关于印发《第二次全国涉外商事海事审判工作会议纪要》的通知第九十三条的规定,人民法院在审理涉外商事纠纷案件中,对同时具备下列条件的有关人员,可以采取措施限制其出境:(1)在我国确有未了结的涉外商事纠纷案件;(2)被限制出境人员是未了结案件中的当事人或者当事人的法定代表人、负责人;(3)有逃避诉讼或者逃避履行法定义务的可能;(4)其出境可能造成案件难以审理、无法执行的。对外国人施行限制出境的案件,公安机关、国家安全机关、人民检察院、人民法院以及其他主管机关应在受理案件或采取措施的四十八小时内报上一级主管机关,同时通报同级人民政府外事办公室。

同时,为避免权利滥用造成损失,一般情况下,人民法院在必要时,可以要求提出采取限制出境措施的申请人提供有效的担保。[①] 限制出境采取扣留有效出境证件方式的,被扣证人或者其担保人向人民法院提供有效担保或者履行了法定义务后,人民法院应立即口头通知被扣证人解除限制,收回扣留证件证明,发还所扣留的证件,由被扣证人签收,限制其出境的扣证决定自行撤销。并将解除出境限制的有关情况书面通知公安、边检部门。[②]

第四节　信用证止付和独立保函止付

一、信用证止付

信用证结算是国际贸易中广泛采用的一种结算方式。银行根据单单一致、单证相符原则,在审查确认相关单据后,议付或承兑信用证项下款项。由于单证交易与货物交易相互独立,实践中,外商通过虚构基础交易、伪造单据等方式,实施信用证欺诈而引发信用证纠纷的案件时有发生。

---

① 参见最高人民法院关于印发《第二次全国涉外商事海事审判工作会议纪要》的通知第九十四条。

② 参见最高人民法院关于印发《第二次全国涉外商事海事审判工作会议纪要》的通知第九十五条。

在信用证纠纷案件中,国内企业发现外商进行信用证欺诈并可能给其造成难以弥补的损害时,可以申请人民法院中止支付信用证项下款项即信用证止付。在一般民事财产保全中,采取的措施直接针对被申请人的财产,而信用证止付是在基础合同发生纠纷时被提出来的,被裁定停止付款的一方一般不是案件的当事人,而是与案件有利害关系的第三人,即开证行、保兑行、议付行等。信用证止付针对的是行为不是财产,是暂时或永久性禁止银行履行信用证的承诺,这是信用证止付和一般财产保全的区别所在。

申请信用证止付的条件包括以下四点:(1)向对该信用证纠纷案件享有管辖权的法院提出申请。(2)申请人提供的证据材料能证明存在信用证欺诈行为,具体包括:受益人伪造单据或者提交记载内容虚假的单据;受益人恶意不交付货物或者交付的货物无价值;受益人和开证申请人或者其他第三方串通提交假单据,而没有真实的基础交易;其他进行信用证欺诈的情形。(3)如不采取中止支付信用证项下款项的措施,将会使申请人的合法权益受到难以弥补的损害。(4)申请人提供了可靠、充分的担保。

人民法院经审查认定存在信用证欺诈的,一般会裁定中止支付或者判决终止支付信用证项下款项,但有下列情形之一的除外:(1)开证行的指定人、授权人已按照开证行的指令善意地进行了付款;(2)开证行或者其指定人、授权人已对信用证项下票据善意地作出了承兑;(3)保兑行善意地履行了付款义务;(4)议付行善意地进行了议付。

信用证项下的善意第三人是汇票的正当持有人。汇票作为票据,本身具有无因性特征,而根据票据无因性特征,票据上的权利与义务不以任何原因为其有效的条件。《中华人民共和国票据法》规定,票据债务人不得以自己与出票人或者持票人的前手之间的抗辩事由,对抗票据的持有人。也就是说,只要持票人善意取得了票据,无论其前手是否存在欺诈,开证行均不得拒绝其票据上的付款义务,法院同样也不能采取强制措施。[①] 信用证的设计机制是为使基础交易各方和信用证交易各方之间分摊风险。故而,为维护信用证的可接受性和流通性,应特别注意对其他严格依据信用证授权条件和条款已善意支付对价的第三人利益的保护,这也是信用证止付的宗旨所在。

需要说明的是,信用证止付是国内企业在信用证纠纷案件中常用的诉讼手段,如果不能成功止付,即使国内企业胜诉也将难以挽回损失。但止付信用

---

① 　徐冬根:《信用证法律与实务研究》,北京:北京大学出版社,2005年。

证涉及我国银行业的国际信誉，一些国家及机构曾针对我国法院的信用证止付进行过多次交涉。目前各级人民法院对于信用证止付的审查标准把握极为严格，申请人必须有非常充分的信用证欺诈证据才能成功申请止付。因此，我国企业不能将信用证止付视为信用证纠纷中的"灵丹妙药"，而应提高风险防控意识，审慎选择交易对象，严格确定信用证的付款条件，尽量防止信用证欺诈的发生。

二、独立保函止付

独立保函，又称见索即付保函，是指银行或非银行金融机构作为开立人，以书面形式向受益人出具的，同意在受益人请求付款并提交符合保函要求的单据时，向其支付特定款项或在保函最高金额内付款的承诺。近年来，随着"一带一路"倡议的持续深入推进，中国与各国之间的贸易、金融交往日益增多，独立保函已经成为我国企业参与众多境外交易和签署合同的必要条件之一，在海外建筑工程中使用独立保函尤为常见。[①] 独立保函止付就是法院用以反独立保函欺诈的重要救济措施。它是指在满足一国法律规定的条件时，经过止付申请人申请及举证，法院审查的确存在受益人欺诈的可能性，此时允许突破独立保函的独立性特征，由法院采取法律措施暂时令担保人中止支付保函下的款项，或者暂时令受益人不能获得保函项下款项。

2016年12月1日，《最高人民法院关于审理独立保函纠纷案件若干问题的规定》(以下简称《独立保函规定》)正式施行。《独立保函规定》统一了国际国内独立保函交易的效力规则，明确了独立保函的独立性和单据性特征，严格界定了欺诈情形及证明标准，并且严格规范了止付程序。

根据《独立保函规定》，在国内，人民法院裁定中止支付独立保函项下的款项，必须同时具备下列条件。[②] (1)止付申请人提交的证据材料证明本规定第

---

① 吉泽伟、刘聪：《独立保函止付实务要点》，https://mp. weixin. qq. com/s/4iIgw6n7ixaH4o7CEjND2Q，最后访问日期：2020 年 3 月 19 日。

② 参见《最高人民法院关于审理独立保函纠纷案件若干问题的规定》第十四条。

十二条①情形的存在具有高度可能性。(2)情况紧急,不立即采取止付措施,将给止付申请人的合法权益造成难以弥补的损害。(3)止付申请人提供了足以弥补被申请人因止付可能遭受损失的担保。

止付申请人以受益人在基础交易中违约为由请求止付的,人民法院不予支持。

开立人在依指示开立的独立保函项下已经善意付款的,对保障该开立人追偿权的独立保函,人民法院不得裁定止付。

同时,人民法院受理止付申请后,一般在四十八小时内作出是否准许止付的书面裁定。裁定中止支付的,应当立即执行。如果止付申请人在止付裁定作出后三十日内未依法提起独立保函欺诈纠纷诉讼或申请仲裁的,人民法院将解除止付裁定。②

无论见索即付保函中如何约定受益人的兑现要求,但基于"单据表面相符"的原则,担保人对受益人提交的书面兑现函等单据的正确性和真实性并不承担实质审查的义务。一旦受益人开始兑现保函,成功率极高。③ 因此,保函实务中,受益人恶意兑现保函的事件并不鲜见,这会导致申请人为此承担较大风险。

基于公平、公正和诚实信用等法律原则,即使法律法规、司法实践和见索即付保函的规则允许申请人基于正当、合理的理由阻止受益人恶意兑现保函,但是无论在国内还是国外,通常要求法院须在有确凿证据和/或申请人有很大机会胜诉的前提下,并在无此禁令申请人可能遭受损失的严重性以及有此禁令对保函独立性的威胁之间进行考量权衡后,方才谨慎作出止付裁定。在程序和实体审查标准上,对签发止付令都有较为严格的要求。④ 因此,我国企业

---

① 《最高人民法院关于审理独立保函纠纷案件若干问题的规定》第十二条,具有下列情形之一的,人民法院应当认定构成独立保函欺诈:

(一)受益人与保函申请人或其他人串通,虚构基础交易的;

(二)受益人提交的第三方单据系伪造或内容虚假的;

(三)法院判决或仲裁裁决认定基础交易债务人没有付款或赔偿责任的;

(四)受益人确认基础交易债务已得到完全履行或者确认独立保函载明的付款到期事件并未发生的;

(五)受益人明知其没有付款请求权仍滥用该权利的其他情形。

② 参见《最高人民法院关于审理独立保函纠纷案件若干问题的规定》第十六条。

③ 赵东锋、赵鑫臻:《见索即付保函,怎样防范恶意兑付?》,https://mp. weixin. qq. com/s/QNGpz2jjGnsX3lqXbHpe8w,最后访问日期:2020 年 3 月 20 日。

④ 王建、李清、杨彧:《见索即付保函法律问题研究》,http://www. junhe. com/law-re-views/389,最后访问日期:2020 年 3 月 20 日。

仍应提高风险防控意识,审慎选择交易对象,严格确定独立保函的兑付条件,尽量防止欺诈的发生。

第五节　保全担保

诉讼保全担保是一种预先设立的赔偿性担保,目的是防止申请人在诉讼保全程序中因错误的保全申请给对方当事人造成损害。[①]

《中华人民共和国民事诉讼法》第一百零三条规定:"人民法院采取保全措施,可以责令申请人提供担保,申请人不提供担保的,裁定驳回申请。"第一百零八条规定:"申请有错误的,申请人应当赔偿被申请人因保全所遭受的损失。"这就意味着,如果国内企业错误地申请了保全对象,或者采取了不当的保全方式,当诉讼裁决不利于己方时,很有可能要承担不当申请诉讼保全的经济赔偿。

诉讼保全担保按照申请主体不同,分为成就保全担保和解除保全担保。[②]成就保全担保是由保全申请人提出的旨在实现诉讼保全,取得保全裁定的担保;解除保全担保是由保全被申请人提出的旨在解除诉讼保全的担保。本节所称的保全担保,未作其他声明的,指成就保全担保。

避免保全风险的举措包括:第一,谨慎申请诉讼保全。申请人民法院采取保全措施,是申请人保障判决得以执行的重要方式,但是错误的保全措施可能给对方当事人造成经济损失,申请人也要承担相应的赔偿风险。所以,保全申请并不能被滥用,不能被当做万能药。

第二,订立诉讼保全责任保险合同。诉讼保全责任保险,是由保险公司依照与申请人缔结的保险合同,承担申请人可能承担的保全申请错误风险,并由保险公司向法院出具保函,保证当保险事故(即申请人的申请保全错误造成被申请人财产上的损失)发生时,由保险人替代财产保全申请人承担对被申请人的赔偿责任。2016 年 10 月 17 日,最高人民法院审判委员会审议并原则通过了《最高人民法院关于办理财产保全案件若干问题的规定》,首次明文规定保全申请人可以与保险公司订立诉讼保全责任险合同,作为担保合同。

---

① 单方明:《民事保全担保制度研究》,硕士学位论文,华东政法大学,2015 年。
② 江必新:《新民诉法解释法义精要与实务指引》,法律出版社,2015 年。

第八章 涉外民商事判决以及仲裁裁决的
承认和执行

第一节 现行国际上与承认和执行相关的公约与
我国的区际安排

海牙国际私法会议于 2019 年 7 月 2 日签署了《民商事案件外国判决的承认和执行公约》,但由于各国分歧较大,仍未生效。欧洲已制定并实施了区域性的民商事判决承认和执行公约,如《1968 年布鲁塞尔关于民商事案件管辖权及判决执行的公约》(简称《布鲁塞尔公约》)、《1988 年关于民商事案件管辖权及判决执行的卢加诺公约》(简称《卢加诺公约》)等。《布鲁塞尔公约》所称的"判决",指某一缔约国法院或法庭所作的决定,诸如裁决、命令、决定或执行令状以及由法院书记官就诉讼费或其他费用所作的决定。《卢加诺公约》第 25 条也就判决的定义进行了规定。

国际层面关于仲裁裁决的承认和执行,适用最为广泛的当数 1958 年的《承认和执行外国仲裁裁决的公约》(简称《纽约公约》),截至 2020 年 3 月 5 日,已有 162 个国家(地区)加入该公约。我国加入《纽约公约》时,发表过两项保留声明:(1)中华人民共和国只在互惠的基础上对在另一缔约国领土内作出的仲裁裁决的承认和执行适用该公约;(2)中华人民共和国只对根据中华人民共和国法律认定为属于契约性和非契约性商事法律关系所引起的争议适用该公约。中国政府 1997 年 7 月 1 日恢复对香港的主权后,立即按照中国加入《纽约公约》之初所作的声明,将《纽约公约》的领土适用范围延伸至中国香港特别行政区。2005 年 7 月 19 日,中国宣布,按照中国加入《纽约公约》之初所作的声明,《纽约公约》适用于中国澳门特别行政区。

我国已与世界上 37 个国家签订双边民商事司法协助条约,覆盖世界各大洲,其中 24 个是"一带一路"沿线国家。① 这些双边司法协助条约对法院民商事判决和商事仲裁裁决的承认和执行作了专门规定。

在我国,为有效化解区际民商事法律冲突,与香港、澳门及台湾地区已签署或实施了相应的区际民商事判决及商事仲裁裁决的承认和执行安排机制。

2008 年 8 月 1 日,已开始实施由最高人民法院颁布的《关于内地与香港特别行政区法院相互认可和执行当事人协议管辖的民商事案件判决的安排》。2019 年 1 月 18 日,最高人民法院与香港特别行政区律政司在北京签署了《关于内地与香港特别行政区法院相互认可和执行民商事案件判决的安排》,该安排尚未生效。对于与澳门特别行政区及台湾地区的区际民商事判决的承认和执行,分别依据《最高人民法院关于内地与澳门特别行政区相互认可和执行民商事判决的安排》和《最高人民法院关于认可和执行台湾地区法院民事判决的规定》处理。

区际仲裁裁决的承认和执行,分别依据《最高人民法院关于内地与香港特别行政区相互执行仲裁裁决的安排》《最高人民法院、澳门特别行政区关于内地与澳门特别行政区相互认可和执行仲裁裁决的安排》《最高人民法院关于认可和执行台湾地区仲裁裁决的规定》。

第二节　域外法院民商事判决、仲裁裁决在 我国的承认和执行

一、域外法院民商事判决在我国的承认和执行

由于涉及司法主权,一国法院的判决原则上只能在该国领域内发生法律效力,并不具有当然的域外约束力,只有获得其他国家的承认后,才可能在他国具有法律效力。域外法院作出生效民商事判决后,该判决须经过我国法院的审查,获得承认后才能得到执行。域外民商事判决要在我国申请承认和执行,需注意以下几个方面。

第一,域外法院民商事判决的范围。域外法院民商事判决的范围一般包

---

① 蒙古、新加坡、泰国、老挝、越南、哈萨克斯坦、乌兹别克斯坦、塔吉克斯坦、吉尔吉斯斯坦、土耳其、阿联酋、科威特、希腊、塞浦路斯、埃及、俄罗斯、乌克兰、白俄罗斯、波兰、立陶宛、匈牙利、波黑、罗马尼亚、保加利亚。

括域外法院在民商事案件中作出的判决书、裁定书,也包括域外法院作出的调解书、支付令等具有承认或执行内容的裁决文书,但我国缔结或参加的条约有特别规定的,或者根据互惠原则有特别限定的,以特别规定或特别限定为准。

第二,申请承认和执行的前提条件。在我国申请承认和执行域外法院的生效民商事判决,应向被申请人住所地或其财产所在地的中级人民法院提出申请。申请承认和执行域外法院的民商事判决需要具备下列两个条件:一是作出判决的法院所在国同我国缔结了双边条约或者共同参加了国际条约,或者存在互惠关系。如果既无条约又无互惠关系,我国法院原则上不承认或执行该国法院的判决。如最高人民法院 2006 年 11 月 28 日给广东省高级人民法院的《申请人弗拉西动力发动机有限公司申请承认和执行澳大利亚法院判决一案的请示复函》中指出,"我国与澳大利亚联邦之间没有缔结或者参加相互承认和执行法院民事判决、裁定的国际条约、亦未建立相应的互惠关系。弗拉西动力发动机有限公司的申请没有法律依据,应予驳回"。但如果存在互惠关系,则会有不同的结果。如我国湖北省武汉市中级人民法院受理的承认和执行美国加利福尼亚州洛杉矶县高等法院 2013 年作出的民事判决,虽然当时中美之间并无民商事司法协助协定,但依据我国《中华人民共和国民事诉讼法》的规定,法院依据我国缔结或参加的国际条约,或依据互惠原则审查后,认为不违反我国法律的基本原则或者国家主权、安全、社会公共利益的,裁定承认其效力,发出执行令。[①] 二是申请承认和执行的域外法院的民商事判决必须已经发生法律效力,即域外法院的民商事判决在判决作出国已经具有法律上的约束力和强制执行力。

第三,申请时应当提交的文件。在我国申请承认和执行域外法院的民商事判决,均须以书面形式提出,并应附有支持该请求的相关必要文件。在我国与其他国家缔结的双边司法协助协定中,除申请书外,对应附文件作了更加具体的规定,这些文件通常包括:(1)判决正本或经证明无误的副本;(2)证明判决已经生效和可执行的文件,除非判决中对此已予说明;(3)如果是缺席判决,证明一方当事人已经合法传唤的文件;或者证明缺乏诉讼行为能力的人已经得到适当代理的文件;(4)证明判决已送达当事人的文件;(5)以上判决和文件

[①] 湖北省武汉市中级人民法院(2015)鄂武汉中民商外初字第 00026 号民事裁定书。

的中文译本或者经条约双方认可的第三国文字的译本。①

应当注意,当事人向我国人民法院提起申请时,不仅应当就域外民商事判决书或裁决书的副本与原件的一致性作出证明,还应证明该民商事判决书或裁决书的合法来源及其真实性。如申请人持域外法院作出的判决向国内有管辖权的人民法院申请承认和执行该判决时,如因无法证明该判决的合法来源及真实性,人民法院则会依据《中华人民共和国民事诉讼法》第二百八十八条、最高人民法院《关于适用〈中华人民共和国民事诉讼法〉的解释》第五百四十一条的规定,裁定驳回当事人承认和执行域外法院民商事判决或裁决的申请。②

第四,申请期限。对于申请承认和执行域外民商事判决的期限,除我国缔结或参加的条约有特别规定的外,根据《中华人民共和国民事诉讼法》的相关规定,申请期限为两年。

第五,申请承认和执行的效力。我国法院经过审查后认为域外法院的民商事判决符合承认条件的,作出裁定,承认该判决在我国领域内具有法律效力;需要执行的,发出执行令,依法予以执行。如果经过审查后认为不符合承认和执行条件的,则裁定不予承认和执行。在此情况下,作为补救措施,当事人可以向国内有管辖权的人民法院重新起诉,由我国法院作出有拘束力的判决。

需要说明的是,根据《中华人民共和国民事诉讼法》以及我国与其他国家签订的双边司法协助条约,我国法院对域外法院的民商事判决原则上不作实体审查,仅审查该判决是否符合双边司法协助协定的规定(主要为程序方面的规定)。要注意的是,域外法院民商事判决即使符合双边司法协助协定的规定,但如果认为申请承认和执行该判决违反我国法律的基本原则或者国家主权、安全、社会公共利益的,将不予承认和执行。

二、域外仲裁裁决在我国的承认和执行

域外仲裁机构作出的仲裁裁决要在我国取得法律效力,同域外法院作出的民商事判决一样,也必须由申请人向被申请人住所地或财产所在地的中级

---

① 参见《中华人民共和国和意大利共和国关于民事司法协助的条约》第十四条;《中华人民共和国和匈牙利共和国关于民事和商事司法协助的条约》第十九条;《中华人民共和国和西班牙王国关于民事、商事司法协助的条约》第二十条;《中华人民共和国和法兰西共和国关于民事、商事司法协助的协定》第二十一条。

② 浙江省杭州市中级人民法院(2013)浙杭仲确字第 5 号民事裁定书。

人民法院提出申请,经我国法院司法审查并承认后,才能取得法律效力。向我国法院申请承认和执行域外仲裁裁决的条件如下。

第一,申请人应当提供仲裁裁决的正本或经过证明的副本、当事人之间仲裁协议的正本或通过适当证明的副本,上述文件均应附具中文译本。应注意,此处并未要求申请人对裁决书或者仲裁协议必须办理公证手续,仅要求提供适当证明或正式证明。在裁决书所使用的文字上,依据《纽约公约》第四条第二款的规定,只有当"倘前述裁决或协定所用文字非为援引裁决地所在国之正式文字,声请承认和执行裁决之一方应具备各该文件之此项文字译本,译本应由公设或宣誓之翻译员或外交或领事人员认证之"。故如裁决本身为使用仲裁地官方文字作出,则不需要认证。被执行人以裁决未进行认证为由请求法院驳回承认和执行裁决的申请,不会得到法院支持。[①]

第二,仲裁裁决已合法送达各方当事人,已经在仲裁作出国发生法律效力的证据。

需要说明的是,我国是《纽约公约》缔约国,按照该公约的规定,我国法院对域外仲裁裁决原则上仅作形式审查,对于裁决的内容并不作实质性的审查。但是,根据《最高人民法院关于执行我国加入的〈承认及执行外国仲裁裁决公约〉的通知》第四条,如果认定仲裁裁决具有《纽约公约》第五条第二项所列的情形之一的,或者根据被执行人提供的证据证明具有第五条第一项所列的情形之一的,应当裁定驳回申请,拒绝承认及执行。[②] 根据《纽约公约》第五条的规定,我国法院对以下仲裁裁决将不予承认和执行:一是当事人没有在合同中订立仲裁条款或事后没有达成书面仲裁协议。仲裁协议的达成与否并不能简单地以机械片面的标准认定。如即使当事人在仲裁协议中未签字盖章,但依据仲裁协议的准据法,认定该仲裁协议已经成立的,则仲裁协议仍然有效。[③]仲裁协议无效应包括仲裁协议不成立的情形,仲裁协议是否有效,应依据仲裁协议的准据法判定,如根据《最高人民法院关于适用〈中华人民共和国仲裁法〉若干问题的解释》第十六条的规定,对涉外仲裁协议的效力审查,适用当事人约定的法律;当事人没有约定适用的法律但约定了仲裁地的,适用仲裁地法律;没有约定适用的法律也没有约定仲裁地或者仲裁地约定不明的,适用法院

---

① 上海市第一中级人民法院(2018)沪 01 协外认 23 号民事裁定书。

② 参见《纽约公约》第五条。

③ 宁波市中级人民法院(2015)浙甬仲确字第 4 号民事裁定书;上海市第一中级人民法院(2018)沪 01 协外认 23 号民事裁定书。

地法律。二是被申请人没有得到关于指定仲裁员或进行仲裁程序的通知,或者由于其他不属于被申请人负责的原因未能陈述意见。因当事人对其实际使用的通信地址的变更未及时告知仲裁庭,以未及时收到仲裁程序进行的通知对仲裁裁决的承认和执行提出异议的,并不能得到法院的支持。[①] 三是裁决的事项不属于仲裁协议的范围或仲裁机构无权仲裁。仲裁庭是否对争议有管辖权,应依据仲裁协议的准据法或仲裁地法确定。被申请人应严格遵循仲裁协议的准据法(没有约定适用的法律也没有约定仲裁地或者仲裁地约定不明的,适用法院地法律)的规定对仲裁庭的管辖权提出异议,尤其是上述法律对仲裁庭管辖权的具体条文的文义解释也受仲裁地法的规范,如仲裁庭对当事人的管辖权异议是"可以"接受还是"应当"接受的不同规定,会导致不同的后果。如是前者,则仲裁庭可不予采纳管辖权异议。[②] 四是仲裁庭的组成或仲裁程序与仲裁规则的规定不相符。五是如执行该仲裁裁决会违背社会公共利益。因公共利益的界定仍应依照各国法律基本原则、社会共同利益,不能排除具有一定的模糊性,但也不可以对其任意扩大。即使在国家之间发生外交争端时,商事争议与国际争端仍存在一定的界限,不能简单混同。如在我国与周边国家在国家间的争端时,将该争端任意扩大到商事领域,并以此为理由申请拒绝承认和执行在对方国家境内作出的民商事仲裁裁决,该申请难以得到法院支持的。[③] 六是裁决不具有约束力或已被撤销、停止执行。对外国仲裁裁决存在前述情形的,国内企业在我国法院司法审查过程中,可以提出相关抗辩,以维护自己的合法权益。

第三,由当事人直接向被执行人住所地或者其财产所在地的中级人民法院申请。《中华人民共和国民事诉讼法》第二百八十八条对此有明确规定,申请人应查明被申请人的资产状况,避免因被申请人的资产变更、处置等已发生变化的,仍向被申请人住所地、财产所在地法院申请承认和执行仲裁裁决后,被法院裁定驳回申请而造成损失。如作为被申请人的公司已注销,其债权债务被其他公司承继的,申请人应向实际承担债权债务的主体提起承认和执行裁决的申请,否则其申请会被法院裁定驳回,影响申请人权益的及时实现。[④]

但我国各高级人民法院如有对本辖区内法院案件管辖的规定,则在该辖

---

① 宁波市中级人民法院(2014)浙甬仲确字第 1 号民事裁定书。
② 青岛市中级人民法院(2016)鲁 02 协外认 3 号民事裁定书。
③ 天津市第一中级人民法院(2018)津 01 协外认 13 号民事裁定书。
④ 江苏省高级人民法院(2016)苏民终第 783 号民事裁定书。

区内依照该规定执行。如某国际商事裁决的被执行人以其住所地或财产所在地均不属于北京市第四中级人民法院地域管辖范围内为由,上诉至北京市高级人民法院,但北京市高级人民法院以该管辖权符合《北京市高级人民法院关于北京市第四中级人民法院案件管辖的规定》为由,裁定驳回了被执行人的管辖异议。[①] 因当事人主体资格变动,如申请人将第三人列为被执行人的,应提交债权债务移转的证据;否则,法院在进行审查后,仍然会裁定驳回承认和执行裁决的申请。[②]

第三节　我国法院民商事判决、仲裁裁决在域外的承认和执行

随着全球化进程的加快,我国法院作出的民商事判决及涉外仲裁机构作出的仲裁裁决需要域外承认和执行的情况也日益增多。各国根据其国内法,对承认和执行外国法院判决、仲裁裁决作出了规定,这里仅对大致情况和要求作简要介绍。

一、我国涉外民商事判决、仲裁裁决在域外承认和执行的情况

根据《中华人民共和国民事诉讼法》的规定,人民法院作出的发生法律效力的民商事判决需要执行的,如果被执行人或其财产不在我国领域内,可由当事人直接向有管辖权的外国法院申请承认和执行,也可以由人民法院依照我国缔结或者参加的国际条约的规定或者按照互惠原则,请求外国法院承认和执行。目前,我国已经与法国、俄罗斯、意大利、西班牙、巴西等 37 个国家签订了双边民商事司法协助协定,我国法院作出的民商事判决可以在这些国家得到承认和执行(见表 8-1)。

---

① 北京市高级人民法院(2018)京民辖终 251 号民事裁决书。
② 江苏省高级人民法院(2016)苏民终字 783 号民事裁定书。

表 8-1　我国已签订的双边民商事司法协助协定(截至 2020 年 3 月)

序号	协定名称	生效日期	域外送达	域外取证	承认和执行民商事判决
1	《中华人民共和国和越南社会主义共和国关于民事和刑事司法协助的条约》	1999 年 12 月 25 日	√	√	√①
2	《中华人民共和国和阿拉伯联合酋长国关于民事和商事司法协助的协定》	2005 年 4 月 12 日	√	√	√②
3	《中华人民共和国和塔吉克斯坦共和国关于民事和刑事司法协助的条约》	1998 年 9 月 2 日	√	√	√③
4	《中华人民共和国和土耳其共和国关于民事、商事和刑事司法协助的协定》	1995 年 10 月 26 日	√	√	√④
5	《中华人民共和国和朝鲜民主主义人民共和国关于民事和刑事司法协助的条约》	2006 年 1 月 21 日	√	√	√⑤
6	《中华人民共和国和大韩民国关于民事和商事司法协助的条约》	2005 年 4 月 27 日	√	√	√⑥

---

①　依据该条约第十五条第一款第二项规定,法院在刑事案件中所作出的有关民事损害赔偿的裁决可在缔约对方境内得到承认和执行。

②　该条约第十七条第一款规定,双方应当根据本国法律,承认和执行另一方法院作出的民事、商事和身份裁决,以及刑事附带民事裁决。

③　该条约第十六条第一款第二项规定,法院在刑事案件中所作出的有关民事损害赔偿的裁决可在缔约对方境内得到承认和执行。

④　该条约第二十一条第一款第二项规定,法院在刑事案件中所作出的有关民事损害赔偿的裁决可在缔约对方境内得到承认和执行。

⑤　该条约第十七条第一款第二项规定,法院在刑事案件中所作出的有关民事损害赔偿的裁决可在缔约对方境内得到承认和执行。

⑥　依据该条约第二十五条,我国与韩国依据 1958 年《纽约公约》,相互承认和执行在对方境内作出的仲裁裁决。

续　表

序号	协定名称	生效日期	域外送达	域外取证	承认和执行民商事判决
7	《中华人民共和国和突尼斯共和国关于民事和商事司法协助的条约》	2000 年 7 月 20 日	√	√	√①
8	《中华人民共和国和老挝人民民主共和国关于民事和刑事司法协助的条约》	2001 年 12 月 15 日	√	√	√②
9	《中华人民共和国和新加坡共和国关于民事和商事司法协助的条约》	1999 年 6 月 27 日	√	√	√③
10	《中华人民共和国和吉尔吉斯共和国关于民事和刑事司法协助的条约》	1997 年 9 月 26 日	√	√	√④
11	《中华人民共和国和泰王国关于民商事司法协助和仲裁合作的协定》	1997 年 7 月 6 日	√	√	√⑤
12	《中华人民共和国和哈萨克斯坦共和国关于民事和刑事司法协助的条约》	1995 年 7 月 11 日	√	√	√⑥

---

① 依据该条约第十九条第一款第二项和第十九条第三款的规定,审理刑事案件的法院就向受害人给予赔偿和返还财物的民事裁决可以得到承认和执行。但公约不适用关于遗嘱和继承、破产清算和其他类似程序、社会保障及保全措施的裁决的承认和执行。

② 依据该条约第二条的规定,刑事案件中关于民事损害赔偿的裁决可以在缔约对方境内得到承认和执行。

③ 依据该条约第二条规定,司法协助包括:(一)送达司法文书;(二)调查取证;(三)承认和执行仲裁裁决;(四)相互提供缔约双方有关民事和商事的法律及民事和商事诉讼方面司法实践的资料。

④ 依据该条约第十六条第一款第二项规定,法院对刑事案件中有关损害赔偿作出的裁决可在缔约对方境内得到承认和执行。

⑤ 该协定第一条就司法协助的范围规定,缔约双方同意在民商事的送达文书和调查取证方面相互合作。

⑥ 依据该条约第十七条第二款的规定,刑事案件中关于民事损害赔偿的裁决可以在缔约对方境内得到承认和执行。

续　表

序号	协定名称	生效日期	域外送达	域外取证	承认和执行民商事判决
13	《中华人民共和国和蒙古人民共和国关于民事和刑事司法协助的条约》	1990 年 10 月 29 日	√	√	√①
14	《中华人民共和国和科威特国关于民事和商事司法协助的协定》	2008 年 4 月 24 日批准	√	√	√
15	《中华人民共和国和乌兹别克斯坦共和国关于民事和刑事司法协助的条约》	1998 年 8 月 29 日	√	√	√②
16	《中华人民共和国和立陶宛共和国关于民事和刑事司法协助的条约》	2002 年 1 月 19 日	√	√	√③
17	《中华人民共和国和希腊共和国关于民事和刑事司法协助的协定》	1996 年 6 月 29 日	√	√	√④
18	《中华人民共和国和土耳其共和国关于民事、商事和刑事司法协助的协定》	1995 年 10 月 26 日	√	√	√⑤
19	《中华人民共和国和塞浦路斯共和国关于民事、商事和刑事司法协助的条约》	1996 年 1 月 11 日	√	√	√⑥

① 依据该条约第十七条的规定,法院对刑事案件中有关损害赔偿作出的裁决可在缔约对方境内得到承认和执行。

② 依据该条约第十七条第一款第二项的规定,法院对刑事案件中有关损害赔偿作出的裁决可在缔约对方境内得到承认和执行。

③ 依据该条约第十六条第一款第二项的规定,法院对刑事案件中有关损害赔偿作出的裁决可在缔约对方境内得到承认和执行。

④ 依据该条约第二十条的规定,法院对刑事案件中有关损害赔偿作出的裁决可在缔约对方境内得到承认和执行。

⑤ 依据该条约第二十一条第一款第二项的规定,法院对刑事案件中有关损害赔偿作出的裁决可在缔约对方境内得到承认和执行。

⑥ 依据该条约第二十四条第一款第二项的规定,法院在刑事案件中所作出的有关损害赔偿或诉讼费的裁决可在缔约对方境内得到承认和执行。

续　表

序号	协定名称	生效日期	域外送达	域外取证	承认和执行民商事判决
20	《中华人民共和国和匈牙利共和国关于民事和商事司法协助的条约》	1997 年 3 月 21 日	√	√	√①
21	《中华人民共和国和保加利亚共和国关于民事司法协助的协定》	1995 年 6 月 30 日	√	√	√②
22	《中华人民共和国和白俄罗斯共和国关于民事和刑事司法协助的条约》	1994 年 11 月 29 日	√	√	√③
23	《中华人民共和国和乌克兰关于民事和刑事司法协助的条约》	1994 年 1 月 19 日	√	√	√④
24	《中华人民共和国和俄罗斯联邦关于民事和刑事司法协助的条约》	1993 年 11 月 14 日	√	√	√⑤
25	《中华人民共和国和西班牙王国关于民事、商事司法协助的条约》	1994 年 1 月 1 日	√	√	√⑥
26	《中华人民共和国和波兰人民共和国关于民事和刑事司法协助的协定》	1988 年 2 月 13 日	√	√	√⑦

---

①　依据该条约第十六条第一款第二项的规定,依据条约第二十四条第一款第二项规定,法院在刑事案件中所作出的有关损害赔偿的裁决可在缔约对方境内得到承认和执行。

②　依据该条约第十八条第二款的规定,法院在刑事案件中所作出的有关损害赔偿或诉讼费的裁决可在缔约对方境内得到承认和执行。

③　依据该条约第十七条第二款的规定,法院对刑事案件中有关损害赔偿作出的裁决可在缔约对方境内得到承认和执行。

④　依据该条约第十七条第二款的规定,法院对刑事案件中有关损害赔偿作出的裁决可在缔约对方境内得到承认和执行。

⑤　依据该条约第十六条第一款第二项的规定,法院对刑事案件中有关损害赔偿作出的裁决可在缔约对方境内得到承认和执行。

⑥　依据该条约第十七条,该条约生效后,已经确定的民事、商事裁决,除因有关破产和倒闭程序问题造成的损失及因核能造成的损失之外,均可在缔约对方境内予以承认和执行。

⑦　依据该条约第十六条第一款第二项的规定,法院对刑事案件中有关损害赔偿作出的裁决可在缔约对方境内得到承认和执行。

续　表

序号	协定名称	生效日期	域外送达	域外取证	承认和执行民商事判决
27	《中华人民共和国和法兰西共和国关于民事、商事司法协助的协定》	1988 年 2 月 8 日	√	√	√①
28	《中华人民共和国和波斯尼亚和黑塞哥维那关于民事和商事司法协助的条约》	2014 年 6 月 27 日	√	√	√②
29	《中华人民共和国和意大利共和国关于民事司法协助的条约》	1995 年 1 月 1 日	√	√	√
30	《中华人民共和国和摩洛哥王国关于民事和商事司法协助的协定》	1999 年 11 月 26 日	√	√	√③
31	《中华人民共和国和阿拉伯埃及共和国关于民事、商事和刑事司法协助的协定》	1995 年 5 月 31 日	√	√	√④
32	《中华人民共和国政府和埃塞俄比亚联邦民主共和国关于民事和商事司法协助的条约》	2017 年 11 月 4 日批准	√	√	√⑤

---

① 依据该条约第十九条第二款的规定,法院对刑事案件中有关损害赔偿作出的裁决可在缔约对方境内得到承认和执行。

② 依据该条约第二十条第一款第一项和第二项的规定,除民事和商事案件中作出的裁决外,审理刑事案件的法院就向被害人给予赔偿和返还财物所作出的民事裁决也可在对方境内得到承认和执行。

③ 依据该条约第十六条第一款的规定,除法院在民事商事案件中作出的裁决可在缔约另一方境内得到承认和执行外,有关个人身份的法院裁决和刑事案件中作出的有关损害赔偿的裁决均可在对方境内得到承认和执行。

④ 依据该条约第二十条第一款的规定,除法院对民事案件中作出的裁决可在缔约对方境内得到承认和执行外,法院在刑事案件中所作出的有关损害赔偿的裁决也可在缔约对方境内得到承认和执行。

⑤ 依据该条约第二十条第一款的规定,除法院在民事和商事案件中作出的裁决可在缔约方境内得到承认和执行外,审理刑事案件的法院就向被害人给予赔偿和返还财物所作出的民事裁决也可在对方境内得到承认和执行。

续 表

序号	协定名称	生效日期	域外送达	域外取证	承认和执行民商事判决
33	《中华人民共和国和阿尔及利亚民主人民共和国关于民事和商事司法协助的条约》	2012 年 6 月 16 日	√	√	√①
34	《中华人民共和国和古巴共和国关于民事和刑事司法协助的协定》	1994 年 3 月 26 日	√	√	√②
35	《中华人民共和国和巴西联邦共和国关于民事和商事司法协助的条约》	2009 年 10 月 31 日批准	√	√	√③
36	《中华人民共和国和阿根廷共和国关于民事和商事司法协助的条约》	2001 年 12 月 29 日批准	√	√	√④
37	《中华人民共和国和秘鲁共和国关于民事和商事司法协助的条约》	2009 年 2 月 28 日批准	√	√	√⑤

注:"√"为该司法协助方式已在司法协助协定中予以规定。

我国涉外仲裁机构作出的生效仲裁裁决,当事人请求执行的,如果被执行人或其财产不在我国领域内,应当由当事人直接向有管辖权的外国法院申请承认和执行。由于我国是《纽约公约》的缔约方,我国涉外仲裁机构作出的仲裁裁决可以在《纽约公约》缔约方申请承认和执行。

---

① 依据该条约第二十一条的规定,法院在民事和商事案件中作出的裁判文书及审理刑事案件的法院就民事权利作出的裁判文书可在缔约对方境内得到承认和执行;公约不适用于有关遗嘱和继承、破产、除扶养案件外的临时保全措施的裁判文书的承认和执行。

② 依据该条约第二十一条的规定,法院就犯罪行为造成的损害赔偿的民事责任作出的裁决可在缔约对方境内得到承认和执行。

③ 依据该条约第 20 条的规定,法院在刑事诉讼程序中就向被害人给出返还财物作出的民事裁判可在缔约对方境内得到承认和执行。

④ 依据该条约第 15 条第 2 款的规定,法院在审理刑事案件时,就向被害人给予赔偿和返还财物作出的民事裁决可在缔约对方境内得到承认和执行。

⑤ 依据该条约第 21 条第 1 款的规定,法院作出的向被害人给予赔偿和返还财物的裁判文书可在缔约对方境内得到承认和执行。

二、我国涉外民商事判决、仲裁裁决在域外承认和执行的条件

当事人请求外国法院承认和执行我国法院或涉外仲裁机构作出的生效民事判决或仲裁裁决时，一般需提供下列文件：(1)生效民事判决、仲裁裁决的正本或经过适当证明的副本，申请承认仲裁裁决的还需提交双方当事人之间的仲裁协议。(2)已送达诉讼材料、民事判决、仲裁裁决的送达回证或其他证明文件，诉讼中有缺席审理情形的，还应提供合法进行缺席判决的有关法律文件。(3)上述文件的译本，译文须采用对方通行或认可的文字。

外国法院收到当事人或中国法院的请求后，与我国签订司法协定或条约的，按协定或条约规定的条件进行审查；与我国无条约关系的，按互惠原则进行审查。审查合格者，按该国法律规定的程序予以承认和执行。

参考文献

[1]"一带一路"国际商事调解中心, http://www. bnrmediation. com/Home/Center/index/aid/150. html,最后访问日期:2020 年 3 月 18 日。

[2]蔡滢炜:《国际仲裁中仲裁地选择之解读》, http://jtnfa. com/EN/booksdetail. aspx? type=06001&keyid=00000000000000003903&PageUrl=majorboo k&getPageUrl=booksdetail&Lan=CN,最后访问日期:2020 年 3 月 13 日。

[3]陈蘅:《浅谈代理进口业务风险管理——外贸企业如何防范代理进口风险》,《国际市场》2014 年第 4 期。

[4]陈铭龙:《〈新加坡调解公约〉视角下国际和解协议的执行》,《研究生法学》2019 年第 4 期。

[5]崔建远:《合同法》,北京:法律出版社,2016 年,第 371 页。

[6]戴月、李天任:《进步与挑战并行——我国承认与执行外国法院判决案件》, http://www. chinalawinsight. com/2017/09/articles/dispute－resolution/％E8％BF％9B％E6％AD％A5％E4％B8％8E％E6％8C％91％E6％88％98％E5％B9％B6％E8％A1％8C％－％E6％88％91％E5％9B％BD％E6％89％BF％E8％AE％A4％E4％B8％8E％E6％89％A7％E8％A1％8C％E5％A4％96％E5％9B％BD％E6％B3％95％E9％99％A2％E5％88％A4％E5％86％B3％/,最后访问日期:2021 年 9 月 22 日。

[7]狄青、龚酥尼、黄敏达:简析《承认和执行外国民商事判决公约》, http://www. junhe. com/legal－updates/971,最后访问日期:2021 年 9 月 22 日。

[8]高绍堂:《对外贸易商品检验条款和索赔的探讨》,《现代商业》2014 年第 6 期。

[9]何贵才:《涉外商事调解案例评析》,北京:光明日报出版社,2013 年,第 45 页。

[10]黄鑫:《中小企业反补贴贸易摩擦中的政、企、社联合应对》,《湖南社

会科学》2012 年第 3 期。

[11]吉泽伟、刘聪:《独立保函止付实务要点》,http://mp. weixin. com/s/4iIg w6n7ixaH4o7CEjND2Q,最后访问日期:2020 年 3 月 19 日。

[12]季湘红:《浙江外贸综合服务企业发展现状及出口风险防范》,《国际商务财会》2016 年第 2 期。

[13]家具情报站:《反倾销裁定后记:162.76%税率重压,国内床垫行业格局重塑》, http://cacs. mofcom. gov. cn/article/flfwpt/stld/ysdt/201911/161317. html,最后访问时间:2020 年 3 月 11 日。

[14]江必新:《新民诉法解释法义精要与实务指引》,北京:法律出版社,2015 年。

[15]李智颖:《域外调查取证难在哪儿? 海牙公约中方联系人告诉你》,http://mp. weixin. qq. com/s/gmjKW11ffmgcKW_WMAYFoQ,最后访问日期:2020 年 3 月 18 日。

[16]林燕萍:《国际司法案例评析》,北京:北京大学出版社,2007 年,第 2 页。

[17]彭爽、曾国安:《美国出口管制政策的演变与启示》,《全球视野理论月刊》2014 年第 1 期。

[18]祁壮:《"一带一路"建设中的国际商事调解和解问题研究》,《中州学刊》2017 年第 11 期。

[19]饶丽圆:《谨防贸易主体多样化的风险》,《国际融资》2012 年第 3 期。

[20]施米托夫:《国际贸易法文选》,赵秀文译,北京:中国大百科全书出版社,1993 年,第 614 页。

[21]苏晓凌:《互惠原则与外国判决的承认和执行——现实立法和实务》,http://mp. weixin. qq. com/s/27nCInFfkltzez9G2－gIoQ,最后访问日期:2020 年 3 月 17 日。

[22]汤海芳:《如何规避进口外贸代理业务的经营风险》,《企业改革与管理》2019 年第 4 期。

[23]王建、李清、杨彧:《见索即付保函法律问题研究》,http://www. junhe. com/law－reviews/389,最后访问日期:2020 年 3 月 20 日。

[24]王沛、宋风波:《国际贸易中遭遇反倾销调查的法律思考》,《河北经贸大学学报》2015 年第 2 期。

[25]姚志侯:《外贸企业违规代理财务风险及防范》,《经贸实践》2016 年第 1 期。

[26]叶强:《〈新加坡公约〉用调解精神维护多边主义》,http://chinawto.mofcom.gov.cn/article/ap/tansuosikao/201909/20190902900474.shtml,最后访问日期:2020年3月18日。

[27]于泳:《美国出口管制政策法律研究——以在华美资企业应对为视角》,硕士学位论文,上海交通大学,2015年,第21页。

[28]于湛旻:《国际商事仲裁司法化问题研究》,北京:法律出版社,2017年,第18页。

[29]余劲松 吴志攀:《国际经济法》北京:北京大学出版社,2014年,第81页、第559页、第571页、第586页。

[30]曾宁:《出口货物销售合同的法律风险防范》,硕士学位论文,华东政法大学,2010年,第5页。

[31]曾文革、谭添、宋子博:《电子化环境下外贸企业的合同风险及其应对——CISG第11条保留撤回引发的思考》,《海关与经贸研究》2014年第11期。

[32]战少玲:《外贸企业代理进口风险防范研究——以R公司为例》,《消费导刊》2019年第1期。

[33]张守志、许晓丹、胡科:《境外仲裁——是境外客户最好的选择吗?》,《中国法律期刊》2009年6月。

[34]张勇健、杨蕾:《司法机关相互承认执行民商事判决的新探索》,《人民司法》2019年第3期。

[35]赵东锋、赵鑫臻:《见索即付保函,怎样防范恶意兑付?》,http://mp.weixin.com/s/QNGpz2jjGnsX31qXbHpe8w,最后访问日期:2020年3月20日。

[36]朱小史:《温州打火机火头旺入世后打赢欧盟反倾销第一案》,http://news.sina.com.cn/c/2003-09-16/1441762469s.shtml,最后访问日期:2019年11月14日。